20 世纪中国图书馆学文库·15

简明图书馆管理法

吕绍虞 编

书籍、杂志、报纸处理法

柳宗浩 著

圕 國家圖書館出版社

简明图书馆
管理法

吕绍虞 编

本书据商务印刷所圖部 1935 年 1 月初版排印

目　　录

一　引言

　　民众图书馆是民众增进学识和游乐的地方，并且是终身继续教育的场所，同样，学校图书馆是学校中重要的部分，因为它庋藏有良好的图书，这不但有助于学校的课业，也能激发校中员生阅读的兴趣。

　　一个图书馆并不是有了图书就够了，要是它对于社会或学校发生效用，那必须要有严密的组织，适当的管理。这种工作最好由有训练的馆员担任，但是也可由具有图书的知识并有组织的能力的教员或有兴趣的人来办理，这样可使一个民众图书馆或中小学图书馆办得井然有秩，仅需极少量的经费。

　　图书的编目，很可以展缓一些时日，等到了馆员至少有了专业的训练，譬如六个星期的暑期学校的课程或图书馆讲习会的课程，因为这是一种专门的技术。

　　本书是为帮助未受训练的馆员怎样管理小规模的民众图书馆或中小学图书馆（藏书数在一二千册上下的），以及购备此类工作的重要用品而作的。这两种图书馆应用的方法很相似,可是它们也有相异的地方。

二　图书之搜集与整理

　　图书馆成立后的第一步工作,是征集和选购图书,然后加以详细的整理。那些过于破旧了的应该取消,另作他用;那些需要修补或重订的应该提出来;那些很显明的不适合于图书馆的用处的,譬如可疑的小说,或过时的书籍,应该拿掉。这种废弃的工作,须经审慎的考究。要是在学校图书馆里,须在与有关系的教师商讨之后。教科书与补充读本不应视为学校图书馆藏书之一部,可别置一处。

三　分类编目前之准备

　　要是在书籍上面有旧的书标或错误的记号,那必须把它们撕掉或消去,假使不可能的话,就把它们涂抹了。馆章必须盖印在书名页上和书中另外一二处。要是图书馆经济充裕的话,在封面里的背面,黏贴一张里书标,这是一种优良而美观的主有标识。在封面的背面或书底(最好是书底)贴一只书袋,并在书袋的对面白页纸上贴一张期限表,这是很有用的,虽然在一个极小的图书馆里不是绝对的重要。这张期限表只用一边黏在书上,以便写满了的时候容易撕掉,重新添换。这时候把第一行载有著者姓名,第二行书名的书卡,插在书袋里去。

四 图书之登记与分类

图书登记簿是图书馆里的重要记录。这是用以记载图书馆新增的书籍，依照收到先后的次序，以及所费的价值。每行登记一书，每书给予一个号码。在登记簿上指定的号码，必须记在书上书名页的反面左角上，以及书中选定的一页上，作为所有权的私号，同样，它也应该记在书卡的右上角和书袋上面。

要使图书馆里的书籍便于庋置，那须有排列的方法。有许多方法已经试验过，可是最满人意的要算是把所有书籍照相同题目来排列了。这种书籍的类集，不论它依照题材或是文体，叫做分类。分类法很多，可是小图书馆最多用的，是杜定友氏的《世界图书分类法》（十四年上海圕协会初版每册定价一元四角），王云五氏的《中外图书统一分类法》（十七年上海商务印书馆初版每册定价一元），和刘国钧氏的《中国图书分类法》（十八年南京金陵大学图书馆初版每册定价七角），也有直接采用《杜威十进分类法》或酌量增删的。《杜威十进分类法》有三种：一为《十进分类法大纲》(Outline of Decimal Classification)，很小的图书馆发展不甚快的可以采用；二为《节本十进分类法》(Abridged Decimal Classification)，有图书五千册左右的小图书馆，采用很适宜；三为《十进分类法及连属索引》(Decimal Classification and Relative Index)，这只限于大一些图书馆可以采用。

要一个没有训练的馆员准确的分类书籍，常是感到非常的困难。在美国有适合于民众图书馆及中小学图书馆的书目，对于分类上很有帮助，因为它们常是给所列的书籍以十进法号码。各书店的营业书目——特别是商务的《图书汇报》(根据《中外图书统一分类法》)，中华的《图书目录》(根据《世界图书分类法》)，和各图书馆目录，都足供分类的参考。

民众图书馆里分类的工作，首须区别成人与儿童的书籍，其次再分为小说与非小说。同样，在学校图书馆里，中小学用的书籍应该分别出来，然后再分小说与非小说。

非小说　　首先聚集非小说书籍在一起，大略的依科目分一下。因为同时分类三四本植物学的书籍，总要比一本二本从历史或算学书堆里提出来，容易得多。

分类非小说的书籍，最重要的是决定属于哪一种科目，不要尽赖书名或目次，还要阅读序言，获取著者的观点和作书的主旨,有些书籍,是必须阅读一部或全部,来确定所属的科目。

其次是从分类法里指定代表书籍所属的科目的特别号码。现在将杜王刘各分类法的大纲,照录于下:

世界图书分类法

000 总记
000 寄赠书
010 图书馆学及书目学
020 中国经籍
030 普通类书
040 论文汇刊
050 普通杂志
060 普通会刊
070 新闻学
080 丛书
090 年鉴及传记

100 哲理科学
110 外国哲学家
120 中国哲学家
130 形而上学
140 哲学方法
150 心理学
160 论理学
170 伦理学

180 占卜杂技
190 宗教

200 教育科学
210 行政
220 管理
230 科目,课程
240 教授法
250 教员
260 初等教育
270 中等教育
280 高等教育
290 特殊教育

300 社会科学
310 统计学
320 政治学
330 经济学
340 法律
350 行政及政府
360 社会及机关
370 财政学

380 军事学
390 社会学

400 艺术
410 建筑
420 中国字画
430 雕刻
440 图画图案
450 装饰手工
460 印刷刻版
470 摄影术
480 音乐
490 游艺

500 自然科学
510 数学
520 天文学
530 物理学
540 化学
550 地质学
560 自然研究
570 生物学

580 植物学
590 动物学
600 应用科学
610 医药学
620 工程学
630 农业
640 化学工艺
650 交通及转运
660 商业
670 制造工业
680 机械贸易
690 家政及其他科学
700 语言学
710 普通与比较的

720 中国语言
730 英国语言
740 法国语言
750 德国语言
760 日本语言
770 俄国语言
780 美国语言
790 其他小国
800 文学
810 万国与普通的
820 中国文学
830 英国文学
840 法国文学
850 德国文学

860 日本文学
870 俄国文学
880 美国文学
890 其他小国
900 史地
910 万国
920 中国
930 英国
940 法国
950 德国
960 日本
970 俄国
980 美国
990 其他小国

中外图书统一分类法

000 总类
010 书目;目录学
020 图书馆学
030 百科全书;类书
040 各科论文丛辑;丛
　　书
050 普通杂志;定期刊
060 普通学会刊物
070 新闻学;日报
080 特别藏书
090 精本或抄本

100 哲学
110 中国哲学
卅110 形而上学
120 其他形而上学问
　　题
130 心身;人类学
140 哲学派别
150 心理学
160 论理学
170 伦理学
180 古代哲学家

190 近世哲学家
200 宗教
210 自然神学
220 佛教与佛经
230 耶教经典
230 耶教教义
250 耶教说法学
260 耶教教会;其制度
　　与工作
270 耶教史
280 耶教教会及教派

8

290 神话及其他各教

300 社会科学

300 一般社会学
310 统计学
320 政治学
330 经济学
340 法律
350 行政
360 社团与各种机关
370 教育
380 商业;交通
390 中国古礼义
390 习俗礼制

400 语文学

410 比较语文学
艹420 中国语文学
420 英国语文学
430 日本语文学
430 德国语文学
440 法国语文学
450 意国语文学
460 西班牙语文学
470 拉丁语文学
480 希腊语文学
490 其他各国语文学

500 自然科学

510 数学
520 天文学

530 物理学
540 化学
550 地质学
560 古生物学
570 生物学;考古学
580 植物学
590 动物学

600 应用技术

艹610 中国医学
610 医学
620 工程学
630 农业
640 家政
650 商业实践
660 化学工业
670 制造
680 手工业
690 建筑

700 美术

710 风景园艺
720 建筑术
730 雕刻学
740 图案;装饰
750 中国书画碑帖
750 油画;水彩画
760 雕版
770 摄影学;照相
780 音乐

790 娱乐

800 文学

艹810 中国文学
810 美国文学
820 日本文学
820 英国文学
830 德国文学
840 法国文学
850 意国文学
860 西班牙文学
870 拉丁文学
880 希腊文学
890 其他各国文学

900 史地

910 地理与游记
土915 中国地理游记方
　　志等
艹920 中国传记
920 世界传记（中国
　　除外）
930 世界上古史
940 欧洲史
950 亚洲史
960 非洲史
970 北美洲史
980 南美洲史
990 大洋洲史;两极
　　地带史

中国图书分类法

680 类志　　　　　790 古物学　　　　880 西方诸小国文学

690 游记　　　　　　　语文部　　　890 新闻学

　　世界　　　　　800 语言学　　　　　　美术部

710 史地　　　　　810 文学　　　　900 总论

720 海洋　　　　　820 中国文学　　　910 音乐

730 东洋及亚洲　　830 总集　　　　920 建筑

740 西洋及欧洲　　840 别集　　　　930 雕刻

750 美洲　　　　　850 特种文学　　940 书画

760 非洲　　　　　860 东方各国文学　990 游艺

770 澳洲及其他各地　870 西洋文学

780 传记

　　寻找一本书的准确的分类号码,要好先去参看分类法后面的索引,它会指示你在本表中的适当的地位。譬如,心理学的号码是在100与199之间,再检阅本表,就可找出准确的号码150来了。

　　在决定分类号码以后,这个号码必须用铅笔记在书名页后一页的右边,约离顶端和里边一英寸的地方。复从著者号码表(可参考杜定友氏的《著者号码表》,钱亚新氏的《拼音著者号码编制法》,或王云五氏的《中外著者统一排列法》)里查出著者号码,把它记在分类号码下面(个人传记以被传者的号码为著者号码),这对于以后书籍排在书架上的次序很有帮助,因为相同号码的书籍,是以著者号码为次的。

　　在十进分类法里,合传的分类号码为920,921为个人传记的分类号码,下面为被传者的号码,而不是著者的号码。以后书籍放在书架上的时候，都是照被传者的号码，因为这是容易把所有关于某一人的传记集在一起。

在民众图书馆里，如从成人的书籍区别出儿童用的非小说书籍，在分类号码上端，加一个"J"（Juvenile）字，譬如 J530 为张保厚编的《物理浅说》。同样，在学校图书馆里，中学与小学的非小说书籍，也是应该在小学书籍的类码上加"J"字分别出来的。

小说　　小说是不必要有类码的，因为它们可以集在一起，照著者的号码来排列的。

处置小说是与非小说的情形一样，儿童或小学生小说，用"J"字以别于成人或中学生的小说。在儿童或小学生文库中，每本小说的书名页后离页一顶端及里边一约英寸地方，也用铅笔加一个"J"字。

五 图书之记号

分类号码和在它下面的著者号码,加起来叫做称谓号码(Call number)。这必须要记在书卡的左上角或书袋上面。登记号码则写在书卡右上角和书袋上面,在书卡第一行应该写著者姓名,第二行写书名。

大约离书根二寸地方必须记上称谓号码,黑书面的书用白墨水书写,淡色书面用黑墨水。要是使用墨水的话,在干了以后,得用亮油涂在上面。图书的记号必须在可能范围内,明晰而整洁,因为这于图书馆观瞻上很有关系。

六　图书之排列与入架

民众图书馆里的儿童书籍与成人书籍，或学校图书馆里的小学生书籍与中学生书籍，应该区分出来，各别放置，然后再分小说与非小说。

非小说的书籍应照书背上的类码排列，代数 512 在几何学 518 之前，算术 511 之后。具有相同类码的同类书籍照著者号码排列，个人传记照被传者号码的次序。

小说应该集在一起，照著者号码排列，一人有数种著作的，复照书名第一字的号码，或字形，或笔划的多少。

书架上书籍的排列，须自左至右自上而下，一架排完了后，再到第二个书架上去。

无论什么时候，书架不要排置得太拥挤，超过三分之二的容量，以便俟后的增加，每格都须用书撑，使书籍不致倾斜。

七 图书之流通

学校图书馆　　在学校图书馆里,不需要借书人登记簿,也不要借书券,因为学校注册过已经可以了。借书的时候,把书卡抽出来,在上面写下借者的姓名及年级与住所,应还的日期用橡皮印盖在书卡和期限表上,一日间所有借出图书的卡片都放在书卡盒里以便作图书借出的统计。这种图书借出的统计,因各学校的需要而有所不同,通常是分小说与非小说,中学与小学流通书籍的总数。书卡先按照著者姓名,然后再照书名排列在书卡盒里应还日期下。这必须要有一套借书日期指引卡,以资应用。图书归还的时候,可从印在期限表上应还的日期,查阅有无过期,并由此在书卡盒里同一日期下找出书卡。在书卡未放在书袋之先,上面所载各项应与书袋上的核对一下,是否正确无误。最后将书籍归还到书架上去。

借书期限大多数为一星期或两星期,可是常用的书籍只准于夜间闭馆时借出,于次晨交还。在书卡盒里每星期要检查一次,有无过期未还的书籍,过期一天,通常须缴纳罚金一分或二分。

民众图书馆　　　在最小的民众图书馆，馆员大概认识所有借书人的姓名和住址，书籍流通也极少，那末出纳方法也可和前节讲的一样。书籍借出的时候，在书卡上记下借书人的姓名，每天在图书借出登记簿上写出流通的数目。

平常的小图书馆，最好兼用借书人登记簿和借书券，借书人登记簿是有权享用图书馆者的纪录。这是一本空白的簿子，有连续的号码，每个新进的读者在号码的另一边记载着他的姓名，住址。然后给他一张借书券，上面有他的姓名，住址和借书人登记簿上的号码。有了借书券以后，借书时在书卡上可以不必填写姓名，只用号码就够了。在借书时必须出示借书券，这样，才可把号码记在书卡上，应还日期盖在书卡期限表和借书券上，借书券放在书袋里。一日间所有借出书籍的书卡一起都保存在书卡盒里，再照上节所说的把它们统计并排列起来。书籍归还的时候，在借书券上盖还书的日期后，交还借书的人，从书卡盒里找出书卡，归还书袋。

借书期限通常是两个星期，每星期在书卡盒里检查有无过期未还书籍，逾期一天，缴纳罚金二分。

八　书架目录

图书分类之后,必须就要入架,书架目录是图书馆所有书籍的记录,排列的次序和书籍在书架上的一样。这在许多方面都很有用,可为图书馆财产的总记,并可据以清点图书以及选购分类图书的参考。这是用卡片编制,每种一张,包括以下各项:称谓号码,著者姓名,书名及登记号码。

称谓号码写在卡片左上角;第一行为著者的姓名,从第一直线写起,第二行为书名,从第二直线写起,登记号码在书名行下两三行的左边。

书架上每一种书籍,在书架目录里用一张卡片来代表,要是一种书有两册以上,登记号码可分行填写,后附卷号,要是一种书有几部的,各部的登记号码可连续填写。

书架目录应该排在卡片目录柜里从抽屉的前面到后面,和书籍在书架上的次序一样。儿童用书的卡片须排在另一抽屉里,正如书籍分别庋藏一样。同样的,在学校图书馆里中小学用书的卡片也该分置,小说的卡片集在一起,先照著者姓名后依书名排列,和书籍在书架上的次序一样。非小说书籍的卡片集在一起,按类排列,先以类别,后依著者姓名的次序(传记除外)。

书架目录是书籍分类的指导,因为它指出图书馆某一类已有多少书和是些什么样的书,而且它显示各科书籍的强弱,哪一种应该增加,于购书上也很有帮助,末了,它还可以作为暂时类名标题目录之用。

028.7	吕	绍虞　编	
170		图书馆使用法　一九三四	
814		○	

书架目录　实大 12.5×7.5 厘

九 图书之编目

卡片目录是图书馆书籍的索引,指示读者以各书在书架上的地位。

编制目录是一种专门的技术,最好能由有专业训练的人担任,不要让其他的人来滥竽这种事务。杜定友氏的《图书目录学》,沈祖荣氏的《简明图书编目法》,裘开明氏的《中国图书编目法》,黄星辉氏的《普通图书编目法》等,都是很好的编目参考的用书。

图书馆以卡片编目,是为便利新书增添时,可以任意插入,各书都是另制卡片。约三英寸高五英寸阔。下边的一个圆洞是预备放在目录箱里用铜条穿过,不使散失。手写的可用有线的卡片,用打字机的,那白卡片比较的好。

图书馆里的每本书籍要用个别的卡片著录在它的著者,书名及类名之下。

最重要的是人名卡,一个著者的每种著作用一张卡片,不要把一个著者的几种著作的书名都列在一张卡片上面。可是一书假如有几册的,只要制一张人名卡好了。

卡片的左上角写分类号码(自然小说是没有类号的,或有用"F"一字的,用"J"字的儿童或小学校的书籍除外),下面是著者号码,个人传记为被传者的号码。第一行写著者的姓名,从第一直线写起,第二行写书名,这要由书名页上抄录下来,从第二直线写起,一行不够,次行由第一直线起,西文第一个字母和专门名词用大楷,书名后空一字的地位写书名页上的出版日期,要是没有出版日期,用最近的版权日期,在出版日期后空一字写册数,假如一书有两册以上的话。

028.7	吕	绍虞　编
170		图书馆使用法　一九三四
		○

人名卡　实大 12.5×7.5 厘

除了人名卡以外,有特殊或异常的书名,为读者所或能记忆的书籍,编制书名卡,例如张资平著的《上帝的儿女们》。

书名卡的左上角写称谓号码,地位是和人名卡上一样。书名写在第一行,但是从第二直线起,只用简单的书名,这通常和见于书背上的一样。在书名下一行,从第一直线起,写著者的姓名。

028.7	图书馆使用法　一九三四
170	吕　绍虞　编
	◯

目录中类名卡上标题的选择,在一个未受训练的人是编目中最感困难的工作,所以在未有训练的人能够编制类名卡之先,要好还是利用书架目录作为暂时的标题索引。

编制类名卡时,应该检阅所编的书籍,找出所说的是什么题目,然后再参考像中山文化教育馆出版的《期刊索引》和《日报索引》,选用适当的标题。寻得了标题以后,再制类名卡。称谓号码仍和人名卡一样,写在卡片的左上角,已经决定的标题用红墨水或大体字母打写在第一行,从第二直线起;下一行为著者姓名,从第一直线起写;再下一行为书名,出版日期,册数(要是二册以上),从第二直线写起,这些完全和人名卡一样。要是我们记住,类名卡上各项除了标题写在顶行以外,其余和人名卡一样,编制起来似乎就要容易些了。

028.7	参考书　　（红色）
170	吕 绍虞　编 图书馆使用法　一九三四

类名卡　实大 12.5×7.5 厘

标题采用了以后,必须先后一致。要是有另一种名词,和已经采用的意义相同,或差不多相似的,读者或者会到目录里去找,那应该有一张参照卡,用红墨水或大体字打写,指示读者从那个名词到已经采用的,例如名学见论理学。

	名学　　　见
	论理学

参照卡　实大 12.5×7.5 厘

当书籍遗失了或取消的时候,为便于从目录里抽出书名卡类名卡以及人名卡起见,必须要在书架卡背面有所记载,曾否编制书名卡,类名卡有若干张,采用的标题是什么。如已经制了书名卡,在书架卡背面写一个书字来代表,已经制了类名卡,把类名全记下来。这叫做追寻。

　　排列所有的人名卡,书名卡及类名卡,照它们第一行第一个字的号码,或字形或笔划的多少等,这和字典里的单字排比一样。第一行的字相同时,依据第二行,其余照此类推。卡片应该放在目录箱里,从抽屉的前面排到后面。为使读者明了每个抽屉里排列的什么卡片,要有标目,如三划——四划,这就是表示在这一个抽屉里的卡片,它们第一行第一个字,开始是三划或四划的字。同样,在每个抽屉里应有凸出的指引卡片,上面印有字母或单字,以示在指引卡片中间排列着的是些什么卡片。在目录间指引卡的距离约一英吋。

十　图书之检点

　　前面说过书架目录可用以检点图书的,那就是核对图书馆的书籍,知道有些什么书籍是已经遗失或不见了。这是要选择比较闲暇一些的时期来举行,那时很少书籍借出在馆外。一个人也可清理图书,不过两个人合作要比较的快些,一人从书架目录里念分类号码,著者姓名和书名,另一人寻找书架上的书籍。

十一　重要用品一览

有藏书一千册的图书馆所需重要的用品

品名	数量	价目
登记簿	一册	四元
书袋	一千只	四元
期限表(3×5)	一千张	二元
书卡(白)	二千张	四元五角
白墨水	一瓶	九角五分
黑墨水	一瓶	一元二角五分
铅笔	一打	六角
亮油	一瓶	二元
书卡盒	一只	一元五角
借书指引卡	一百张	一元四角
日期印	一只	一元二角
印色盒	一只	七角五分
分类法	一册	(约一元)

图书借出统计表	一百张	一元五角
目录卡片	四千张	十五元
两屉式卡片目录箱	一只	六元
目录指引卡	二百张	二元八角
书架目录指引卡	（十张）一套	二角五分

有藏书二千册的图书馆所需重要的用品

登记簿	一册	四元
书袋	二千张	八元
期限表	二千张	四元
书卡	二千张	九元
白墨水	一瓶	九角五分
黑墨水	一瓶	一元二角五分
铅笔	一打	六角
亮油	一瓶	二元
书卡盒	一只	一元五角
指引卡	一百张	一元四角
日期印	一只	七角五分
印色盒	一只	七角五分
分类法	一册	（约一元）
图书借出统计表	一百张	一元五角
借书人登记簿	一册	五元

借书券	二千张	四元五角
目录卡	八千张	三十元
四屉式目录卡片箱	一只	十元
目录指引卡	二百张	二元八角
书架目录指引卡	（百张）一套	二元五角

书籍、杂志、报纸处理法

柳宗浩 著

本书据长城书局 1935 年 2 月初版排印

目　　录

书籍、杂志、报纸处理法

一般人只知图书馆的缺少，是中国教育不普及的缘故；却不知即使有了许多图书馆，如果只注意书籍、杂志、报纸的购置，而忽略于整理也是徒然的。不特是公共机关的图书馆，就是以个人而论，有时购了许多书籍、杂志、报纸，也都苦于没有适当的处理方法，以致失却利用及参考的原意。本书作者在数年前有鉴于此，本其长时期的经验，参考多方面的材料编成本书，代全国的图书馆及有购书癖者解决了整理及利用书籍、杂志、报纸的许多难题。

校阅后的一点意见

我虽然是一个主持图书馆事业的人，但对于图书管理方面并无多大研究，可以说完全是一个门外汉。所以当柳君拿这本《书籍杂志报纸处理法》原稿来请我做校订者的时候，我是非常惭愧，不敢担任。但我对于这件工作却很感兴趣，同时为了先睹为快起见，我便拿了这本原稿和图书馆中许多对于图书、杂志管理和剪报有相当经验的人讨论。所以在实际上我并不是真正的校订者。

在我们看了第一次原稿以后，对于图书管理和剪报分类等等方面曾有一点小小的意见贡献给柳君，在看第二次修正稿的时候，内容比较充实得多了。我们对于柳君这种坦白虚心的接受人家意见的精神，表示十二分的钦佩！

看了柳君的书，我有一个很大的感想。我觉得中国人在学问上总欢喜讨便易，自己不肯下功夫去做。譬如在自学上必须自己很精细的去收集材料，才可以利用这些材料作一种学问上的参考。在其他国家不必谈什么有名学者了，就是一般大学生，他们对于收集材料这件事就很重视，并且做得很好。但在中国却不同了，一般人对于参考材料并不重视，总欢喜抄袭别人用过的材料，试问单靠一本过时的年鉴上的材料，对于自学者能有多大的用处呢？

我觉得一个学者所以能够成功，虽然大半是由他聪敏的头脑，但丰富的参考材料对于他是有很大的帮助的。

收集材料当然是十分的重要，但如何处理和利用这些材料，也要有很正确的方法,同样有许多参考书报,假使处置得宜,那末,一定得到很多的便利和帮助。假使随意搁置不加整理,那这些材料便等于无用。

关于如何处理图书、杂志、报纸的方法,在目前,除了专门的图书管理法外,谈到管理杂志和报纸方面的文章却很少见,能够详细的把自己的经验写出来供一般人参考的书,似乎是一本也没有。柳君的"图书杂志报纸处理法"的出版,可知是讨论这个问题的第一本书了。

这本书里面对于图书整理,是叙述管理上的一些原则,扩大起来可以适用于图书馆,同时个人方面也可以根据这原则做一点小规模的管理图书的工作。不过这本书的特点,不是这图书管理的原则,而是在杂志索引和报纸剪材两方面。

过去,关于杂志的保存,仅仅把它合订起来就算了,甚至有一些连内容也没有看就随意弃置,很少人想到如何去保存和利用它。近来虽有少数的文化机关在做杂志索引的工作,但是规模很大,不适于个人自学的应用。在这本书的第二章,从过去合订与拆订杂志方法的不妥,谈到索引对于杂志的功用,最后又说明杂志索引的方法及其步骤,详尽而扼要,这对于想保存和利用杂志的人们是一种很有价值的贡献。

剪报这一件事,近来是引起了人们的重视,不但一般机关和团体多有剪报的工作,就是个人方面对于报纸的剪存也渐渐发生了兴趣,不过有许多人虽然欢喜剪报,因为不懂得处理材料的方法,结果花费了很多的时间和精神,所得到的却是一堆堆的混乱的碎报,不能成为系统的知识。最近报纸上虽有讨论处理报纸的文章,但多是谈到一点方法,没有具体的说明,也不适合于自学者的应用。

柳君这本书是他长时间的努力所得来的可贵的经验,对于杂志和报纸的处理是有着新的贡献,不过,我决不是认为他的方法是绝对完美的,希望读者随时要发见它的缺点加以指正,更希望这本书出版之后,继续的有内容更充实,方法更正确的"书籍杂志报纸处理法"和我们相见。

　　　　　　　　　　　　廿四年,一,二八的深夜

杜　序

　　圕之材料与管理方法,实为研究学术工作之重要基础。圕尽有丰富之材料,而不知用科学方法以管理之,则其价值等于废纸。圕之材料,除书籍而外,小册、杂志、报纸等,均占重要地位,而其管理及致用方法,实较书籍尤为烦琐。讨论此种方法之文字,现在尚不多见。本书作者,能从实际工作进而研究,并将所得,公诸同好,虚怀若谷。至为钦佩!书中论材,征引颇丰,组编亦极有条理;非平日善于搜集材料者,不克臻此。此书出版,对于从事圕者,及一般学者,均有绝大贡献。至论杂志登记、保管及处理一部分,似略嫌简短,又编目分类,最好参照拙著《图书分类法》。希望于再版时,加以修正。同时本书内容方面,再版时拟请加入小册子之保管及处理方法,似更切要,未知作者以为然否?

杜定友

廿四年三月七日于交通大学圕

俞　序

　　整理是一切事业基本的步骤,纲举目张,细大不捐,是整理过程中应有的方法。我个人觉得中国眼前的一切,可以用"凌乱"二字包括之。中国的政治是凌乱的,中国的经济是凌乱的,中国学术上的研究资料与现代史料也是很凌乱的。凌乱而不事整理,实在是中国目下主要的病态。

　　所以,中国目前所需要的是一大批整理的人才,下一番澈底清理的功夫。别的暂且不说,单就学术的研究与现代史料的搜藏而言,我们厕身于出版界里的人,当研究种种问题的时候,也常有材料不足或纵有材料而一时不及整理,未能充分利用之感。

　　中国缺少组织健全,规模宏大,内容丰富的图书馆,供各界人士去精心研究。就是有一二个比较完备的,大都只注意于书籍的购置,而忽略于杂志报纸的搜集。年来虽有许多机关,设有研究室,但搜藏丰富者却亦不多。现在的图书馆和研究室对于材料的搜集、分类、编目、保藏等等,比较从前已有进步,我是图书馆学的门外汉,但在我看来,他们似乎仍不免有多少缺陷,须要改良。外国的关于图书馆学方面的书籍,固能供我们很多的参考,然在中国,有志研究学术的人,从事这方面工作的,似乎还不很多见。

　　柳君宗浩,是研究这方面工作的学者,他以长时期的研究,参考多方面的材料,写成这本书,关于书籍、杂志、报纸上各种材料的搜集选择,登记、分类、编目、检查等项,莫不详细分述,有条不紊,可以供图书馆管理者的借镜,也可以作私人或机关研究室的参考。这真是值得珍视的一本书。我希望读此书者,能增益其整理书报杂志上有益资料之技巧,进而各本所得,补救中国眼前的凌乱。这希望不能算是奢望,也许就是本书著者苦心欲达的目的。不知本书的著者和读者,以为如何。

民国二十三年双十节前一日

俞颂华序于《申报月刊》编辑室

自　序

　　我们无不知道现代图书馆唯一的任务,就在于搜集书报,以适当的排列,使参考者由最便捷的方法,能得选择他所欲阅读的东西。所以要研究怎样的有适当的排列和便捷检查的方法,这也就是图书馆学所以成立的由来。查关于图书馆学的书籍,近年在国内虽似乎也出得很是不少,然而这些"不少"的出版中,欲寻一专研究杂志和报纸处理方法的,那尚觉得还是没有(即讲到书籍方面,我们却亦只见老是些千篇一律的陈旧材料)。今日的杂志和报纸,在图书馆的需要上占有很重要的地位,早经一般人所承认。因杂志中所有的材料,大都多是最新颖的知识和发明,且范围包含得尤其特别广泛,而报纸则又为最近社会生活的实录,时日久远,即便成为很珍贵的史料。这样讲来,这两者的重要性,自都不在书籍之下。然而这两种重要的东西,在出版界中,很少有详细或专籍的讲到,固不必说,就是一般的图书馆中,也不能不令人大大的失望,今日一般图书馆的对于杂志报纸,是只知道逐日逐年的死藏于一角,毫没有一些怎样去利用的思维。这说来岂不又是一件很可惋惜的事情!

　　聘有管理专员的图书馆尚且如此,至于私人团体间,当然是更不知利用,且有连保存的方法也根本谈不到的,所以对杂志报纸固然不必说在阅览后,便随即任便的抛弃,即连整本整部的书籍,也是同样的东一本西一册的随意乱置。这样当然是更谈不到能怎样去利用的一回事。写到这里，恰巧在同事刘叔琴先生的案上，获见《人间世》上有一篇讲到处理书报的文章，在这篇文章的后面，还加着林语堂的跋文，他们的意思都主张随意乱置，且认为书报的不处理，第一具有不整齐的美感；第二具有不单调的情趣；第三是浏览起来很便利（见该志第六期姚颖"我的书报安置法"）。这种幽默性文字，原本值不得在这里来介绍，不过即此一端，我们至少可以认为是中国一般读书者关于处理书报根本并未曾引起他们注意的一证。我们当然不能同意他们这种所谓"艺术"的处理法。我们如不否认科学的话，也当然应该站在科学的观点上去将书籍杂志和报纸，一一给他们以科学的处理方法。但讲到处理方法，也可因各各立场和需要的不同，而有种种的处理方法，本书内容多数便是为关于处理方法的介绍，或著者对于实践方面的一种纪录。尤其三编中所介绍的各项方法，虽不能说都是完善适用，且更略有些偏及的地方，如杂志的只注意索引，报纸的只注意剪材，但这里可自信的，这些方法，大都多经著者实践过来的经验，也只觉得唯有这些方法为比较地最可以适用于一般圕界。本书于原则上虽只是注意到一种方法的介绍，但同时如在杂志方面也讲到装钉拆钉的方法，报纸方面也讲及索引的地方，故凡此都得要读者们去举一反三了。

最后且容著者记述一则事实在下，在本年五月间《申报》的《读书问答》栏内，有一位为该报二十余年的老读者王君，特致函询问关于整理报纸的方法，他说："近来……拟将报纸，加以整理，但我学识浅陋，对于数十捆报纸，不知应当如何着手整理，或是提纲挈领的抄录，或是分类归并的剪贴，深望加以善意的指导，庶免这许多好材料，徒供虫蚀鼠咬，甚为可惜，这是我对于整理保留报纸，要请指导的意见。"（见《申报》二十三年五月十日）试问在这段文字中，是怎样急迫地需要一个完善的处理方法。这还仅及于报纸，我们推想到杂志，推想到书籍，当然也无不如此，都在需要有一适当的处理方法。

　　著者因这一个事实的启示，于是更加深了要出版本书的信念！

民国二十三年九月

柳宗浩序于世界书局第二编辑部

凡　例

一、本书目的在于供一般图书馆和私人团体间，关于书籍、杂志、报纸种种处理方法的参考之用。

一、本书计分三大编，即：（一）书籍、（二）杂志、（三）报纸。而每编以下各分若干章不等。

一、本书因杂志和报纸二者，在今日坊间尚无专籍研究，且又因其比较繁复，故特另编分述，以和书籍并列为三编。

一、本书三编中，每编各有其特色，如第一编之介绍《S. T. T. 新分类法》；第二编之特详于杂志索引的方法；第三编之详述种种报纸剪材上的问题。

一、本书各编中所介绍的各项方法，类都均经著者实践后，而认为可以仿办和实行者，故本书所述，也确信可供从事此项工作者的实际参考。

一、本书内容虽大都为著者的实践经验，但执笔时，亦曾参考各家著述甚多，其尤著者，如钱亚新的《索引与索引法》，王云五的《中外图书统一分类法》，S. T. T. 的《我们的书类与书号》，杨昭悊的《图书馆学》，杜定友的《图书目录学》，裘开明的《中国图书编目法》，马宗荣《现代图书馆事务论》，以及《文华图书馆季刊》、《中国新书月报》、《读书月刊》……等等，恕不一一另列。

一、本书草成后，又蒙杜定友、俞颂华和李公朴三先生能于百忙中抽暇为本书撰序和校订，谨此志谢！

第一编　书　籍

第一章　从管理法谈起

现代的图书馆,同以前的"藏书楼"或"文库"是大不相同的,因为以前的"藏书楼"或"文库",大都为私人所有,绝少对外开放者,而全部学术,也大都为这些少数贵族士大夫者所包办。这样当然便谈不到什么管理的方法。但时代则因了社会的不断的进化,各种学术也不能不随之逐渐复杂专门化起来,然而这样显然已不能为此少数人所能包办,当然那以前的"藏书楼"或"文库"便开放而成为现代的"图书馆"。图书馆和藏书楼等最不同的所在,即一是只注意典藏,而一则除保存外还须向大众开放,故对于向大众开放,便非仅只讲究怎样才能保存图书等问题即可竣事,且还应讲求使读者参考查阅的简单和便利,因此现代图书馆谁也不能不讲求管理的方法。

图书馆的有管理法,亦犹诸国家的有行政法规一样。所以其中的范围,实也富于相当复杂的,举凡书籍的选择、购置、分类、编目、排列、检查等等,都得包括在这里面。现在除于第二章以下,一一将分项详述外,这里再可简单的举述如下:

选择

购置

登录

分类

编目

排列

检查

出纳

整理

保存

装钉

其他

以上这几项都系图书馆管理法中基本的工作,不问这图书馆的性质是为普通,抑为专门的,至多只在范围方面有其大小的差别,而技术原理,总都是一律。所以当一个图书馆管理员的人,对于此种技术,无疑地是必须练习娴熟,因为书籍的本身他是没有知觉的东西,不会去利用它,这也就等于没有这一种书籍的保存,所以要怎样才能活用图书,直接使图书馆事业的发展,间接促进社会人群文化的进步,这当然须视管理方面有如何的努力以为断。讲到管理人员,一般人又每有一种误会,以为做这种管理的工作,总得学养有素的人才能胜任,才能做这种管理工作,不知学力方面,固然不错是一种资格,但如只能埋首研究而不娴于行政,如处理馆务,计划去推广阅览等等事务的,这只有请他到研究室里去研究,根本不配到办公室来做管理人员,因为图书馆整个的任务,就是并不为管理员自己谋一便利研究的地方,其最大的目的与唯一的对象,便是在读者和谋读者的参考便利。所以一个馆长或一个管理人员,除其自身须有丰富的图书馆学的知识与经验外,还得注意到下列的种种:

（甲）意识方面:

有正确的立场；

有清新的头脑；

有世界的观念；

有进步的思想。

（乙）形态方面：

有诚挚的精神；

有和悦的容貌；

有敏捷的手腕；

有明爽的谈吐。

因此我们也可知管理人员的职责和图书馆的关系是怎样的重大，一个管理人员最大的任务，总须要使得每个阅览者都能满意而去，要做到这一步工作，最先当然就要十分讲求到管理的方法。总之，图书馆主要任务，第一在搜集可以代表时代思潮的一切书籍而保存之；第二在于把这些书籍有能加以科学的处理；第三在尽量使阅览者有检查参考的便利，间接以促进社会人群文化的发展与进步。因图书馆的书籍，绝不能和卖买货物一样，置社会活动与教育的训练于不顾。所以要能满足阅览者知识欲以及担负此重大的任务的，那末内部总得先须有严密的管理方法，然后才能以应付外间的一切。

管理在整个图书馆学中，虽只是其中的一部，但这一部为图书馆学中最重要的一部，却殆无人能加以否认的。

第二章　书籍选择的标准与方法

选择书籍的标准,有一部分人以为是无须预先拟定的,因为他们总认定图书馆的任务,是只在搜集书籍以供大众阅览,在圕的本身自无须加以鉴别而定其标准的必要。这类错误的观念,不但滥费馆方的经费,增加管理的手续,且因书籍的不加选择,则势必至因这些无用无益的书籍,来毒害读者的意识。所以我们认定对于需要的书籍,不可不预先拟定一个标准以为购置的准则。欧美各国的图书馆,常聘请专家,司书籍内容的审查和介绍的事,不过其中亦可因种种客观的与主观的地位之不同,而有各异,其选择的标准,兹可列表如下:

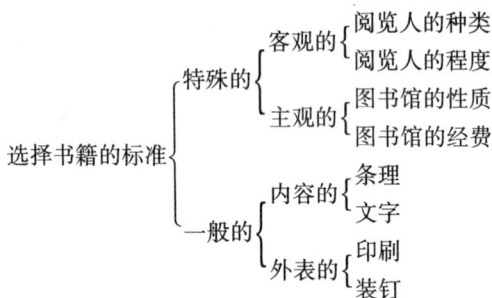

$$
选择书籍的标准
\begin{cases}
特殊的
\begin{cases}
客观的
\begin{cases}
阅览人的种类\\
阅览人的程度
\end{cases}\\
主观的
\begin{cases}
图书馆的性质\\
图书馆的经费
\end{cases}
\end{cases}\\
一般的
\begin{cases}
内容的
\begin{cases}
条理\\
文字
\end{cases}\\
外表的
\begin{cases}
印刷\\
装钉
\end{cases}
\end{cases}
\end{cases}
$$

阅览人是为图书馆的对象,所以在客观方面,又不能不以阅览人的种类与程度为标准,譬如在种类方面,一乡村图书馆因其阅览人大半都为农民,故便应多多设备农业问题及农学的书籍,而一个

6

近工厂的图书馆,则因其阅览人又大都为工人,故便应注重到工业工艺方面的书籍。至于在程度方面,如这一区域的阅览人的程度大都幼稚的,即如农民工人之类,则对于选择时便不宜多备高深晦涩的书籍,而应注重于常识修养及浅近的文艺一类的书籍,以启发养成其读书趣味为目的。不过说到程度方面,我们却也不可只以迎合一种幼稚的程度为事。因为图书馆是人人都知道负有社会教育的责任,且是要改造社会的,这样,一个图书馆,要达到尽其上述的任务,那选择的标准,我们就不应该仅根据客观方面阅览人的程度或趣味为标准,因阅览人是客观的,根据阅览人做标准,这就不齿是一被动的应付的政策,所以要变成自动的进取的,那就应以图书馆为主观的做标准。即是我们是应该为读者做前导,不是跟着读者做尾巴的,换言之,一个适合社会进化的图书馆,非但其自身应为进步的,且尤须以其进步的力量,来推动社会的,因为倘我们只一味迎合阅览人的程度或趣味为能事,那低级趣味的书报,不是将充满于书架之上,试问这岂是以教育社会改造社会自负的图书馆,所应有的现象?故根据了上述的原则,选择书籍至少便要顾到下列的几种根本条件:

一、适合于进化的;

二、促进进化的;

三、站在大众利益的立场上的;

四、世界观念的。

因此凡不合于上述条件一切的书籍,我们当然应加以无情的拒绝收受。况且今日的出版界,在现制度的社会之下,亦早变成为一种商品的卖买,以致粗制滥造,亦变得混杂异常。图书馆既负的是教育社会的责任,当然更宜注意于书籍的选择。又譬如一图书馆其经费富厚者,那当然便不妨多购置华丽高贵的典籍,但倘如这一图书馆的经费本来支绌的,而却亦不加选择的购置这些高贵的书,这便变为滥耗馆方的经费了。所以讲到在主观方面的选择,除了其性质之外,图书馆的经费,亦应该顾到。总之一个进步的图书馆,绝对并不在乎于书籍量的方面增多,因为书籍虽多,而如和读者不发生关系,或反有害于读者,那就何贵乎量的增多,这一点是希望每一从事圕事业的人,都能予以深切的认识才好。

以上是讲到特殊的选择的标准,至于讲到一般的标准,则可分为内容的与外表的二种,内容的标准,大致再可分条理是否清晰和文法是否正确的二点;而外表的标准,亦大致可再分为印刷是否精良,和装钉是否坚牢的二点。关于这些问题,在下面我们还要讲到,所以在这里便不再多赘了。

现在我们除此选择的标准外,还可再一讲其选择的方法。因选择的标准,虽已有前述的理论可资依据,但这里总只是一种空洞的原则,究难与实际方面能恰相适合,且古今书籍,浩如烟海,仅据一己的经验和标准,事实上自也难于能一一知悉,一一符合,因此当选择的时候,便有下列的二种方法,可作为实际选择时的工具,即一为直接选择法,一为间接选择法。直接选择法者,即直接就书籍实物而事选择之谓,其方法首先是查其序文与目次,次即通读全文或选阅其提要并再通读其不可不读的部分,然后再依据前述诸标准,详细审核,以决定需购否。这一方法,很可采用。因如只依据间接方法的选择,却只能知其书名著者名出版处等;其内容虽亦有解题及考证等的工具可以参考,但这总是一种间接的方法,总不如有实物审核为较信确。但有的如实物不能得时,或根本书名也不知悉之际,这样直接的选择就不足以应付,而必须借助于间接的一种。故现在除直接选择一法外,大概都再兼用以下这种间接选择法。间接选择法者,即为一种非实物的选择法,而为根据书志学的一种选择方法,其中包括有下列的四项:

一、图书目录;

二、图书解题;

三、图书考证,校勘学;

四、杂志,报纸。

一、图书目录　其中再分为:(甲)书局目录,(乙)专家书目,(丙)图书馆书目,(丁)教育团体书目。第一种因全为一种宣传性质的刊物,故似难当为选择的标准;第二种大半都出自专门家之手,故选择上似均有学术的根据,但即因出诸专门家之手,故又难免不涉有若干的主观色彩。因此比较起来,似远不如第三种目录为较兼全;不过第三种虽已比较兼全,但有时亦不免要迎合客体者心理,因此又不如第四种教育团体书目的最为信实。

二、图书解题　解题的简单解释,即附有说明及批评的一种目录,其中可再分为:(甲)书局解题,(乙)专家解题,(丙)阅览人解题,(丁)图书馆解题,(戊)教育团体解题。第一种仍又难免为一种营利的宣传性质,故依然不足为选择的标准;第二种虽仍不免涉有若干的主观,但总因系专门家执笔的关系,大多有学术的根据,其意见自亦可供参考;第三种亦为较近于客观的选择,这在现代的杂志报纸中,是很多此种解题的,这种解题,虽不如前一种的令人可信,但因其主观色彩很少,故亦可作为参考工具;第四种,这种解题殊为可信,因其亦较有客观的长处和参考的价值;第五种,价值尤较以上的四者为高,当然这一种亦要算是最好的根据,惜乎中国关于此种解题,很不多觏。

三、图书考证,校勘学　这一项总称,即叫做书志学,如就广义说来,则以上的目录解题等亦都得包括在内,但现在仅作狭义的解释,即专指考证校勘等类书籍而言,这种书志学尤其于善本珍本等的判定上有很大的关系,

四、杂志报纸　近年来因杂志报纸的发展迅速,故选择书籍在这方面亦殊见重要,普通一般杂志及报纸,均有书评的揭载,或介绍新出版的书。所以要想搜寻周到,对于杂志及报纸,亦须时常浏览。尤其是初出版或为未曾流行广阔的书籍,就非得从杂志报纸中找着不可。

第三章　购置与登录

　　书籍既经选择,于是就得要斟酌是否有此购置的财力。图书馆中常有一种添书单,这就可以随时填写后,或即行购置,或暂行保存,以候他日再行购置。兹附此种添书单的式样如下:

发行所或经理处名称						年	月	日
著译人	书名	册数和部数	版次	出版处	出版年月	价格	装钉	需要时期
							某某图书馆	

　　上面这种添书单,在大规模图书馆中,例由选择部先送交购置部,以便由其决定购置与否。而购置部接到了这项添书单后,便应先和本馆书目核对,检查其是否已为本馆所有,若已购置而选择部又未注明有备置复本等字样时,那便可退还。但若系尚未购置或需备复本的话,那便应详查其出版处,价格,装钉等有无遗漏填明,而一方又须计算其所需的经济,是否在本月的预算之内。倘以上都一一并无问题者,即可依据此添书单,再作存根登录卡一份,以留存备查,这种存根登录卡,每卡只限填写一种,其式样亦如附开于下之例:

著译人	
书　名	
册数和部数	
版　次	
出版处	
定购处	
价格 定价	
价格 实价	
定购号数	
图书号数	
定购日期	
收受日期	
备注	

又除了整本的书籍以外,其他还有杂志报纸,而购置杂志报纸,其手续却和购置书籍略有不同,书籍除预约者外,类多一次购置,手续很简单,但杂志则不然,非但连续发行,时须注意,且时有因停刊脱期等等,须增加管理上的不少手续。因此为便于购置存查起见,杂志报纸,大都另定有一种杂志报纸购置单,其式样附列于下:

发行所或经理处名称					年　　月　　日		
杂志或报纸名称	编辑人	出版处	价格	邮费	定购起讫	份数	备注
						某某图书馆	

这种购置单的存根,不必另立一项,即可附填于杂志或报纸登录的登录卡中,现在留诸以下再述。现在先述关于填写方面,尚有

以下的几点,可以注意:(一)销路广大的书籍,往往有再版三版四版等的版次,故需要何版者,必须在"版次"栏内填写清楚。(二)一书常有平装洋装纸面布面等等的分别,图书馆中因出纳频繁并为保藏永久起见,类多购置洋装布面者,然亦须预先注明。(三)不论新旧书籍,多有除正编外,再有续编三编或外编者,填写时亦宜注意。(四)珍贵的书籍,常有普及本缩印本等等不同的版形,在顾及经济的条件之下,需要何种者,亦均须填明。

关于前一种的添书单及其存根既填写清楚后,于是即可依次编写"定购号数"和"图书号数"。定购号数者,系表示第几次定购的意义,图书号数者,系表示这次购置中第几号书的意义。不过著者于此应得一附述者,即以上所述,类多专为一种大规模的图书馆而言,若在小图书馆中添置无多者,这种定购号数图书号数等,当然可以省去。总之,一切的设备管理,均可依据圕范围的大小而定。此处只能举示一例,各图书馆尽可斟酌变通的。

当定购和图书等号数经填明后,然后再填入一定购的日期,于是即可将此添书单向发行所或经理处,嘱其如期配齐后送来。至于要到那一处去购置最为相宜,这里面自也有些区别的所在,譬如本国出版的书籍,本地有代售的,自可向本地书局购置。而外国出版的,则大都均须直接函购。不过本国出版的,因总发行处的例有优待图书馆的办法等,那当然以迳自直接订购为宜。

本章以上所讲的,都关于怎样购置方面的情形,现在再进而讲到其登录的方法,但当书籍在未登录之前,尚有收受一项的手续,现在叙述于后。

当发行所或经理处把书配齐送来时,首先应当将书籍和发票核对继即向购置部取出存根登录卡和书籍对照,然后再查验其有无缺页污损颠倒等事,这些如果都没有错误,便可加盖馆章及填写收受日期等字样。收受之后,如有一种未裁开的书页,那末马上将其裁开。这些手续完毕后,便可将购书的发票等件送交会计科,以便计算书价;一面便将书籍,办理登录的手续。登录的手续,即将书籍的名称册数等一一登录于书籍登录册中,此项登录时,或依据实物填写,或依据存根登录卡一一抄录,不过这种登录册,因为他是每一图书馆藏书的总簿,亦犹诸工商界的财产目录,所以填写的字样,当然愈详愈好。普通登录的要件可分为下列的十三栏,即(一)登录号数,(二)类号,(三)书号,(四)书名,(五)著译人,(六)册数,(七)出版处,(八)出版年月,(九)价格,(一○)页数,(一一)版次,(一二)装钉,(一三)备注。而其中页数的一栏,有时亦可省去,又小范围图书馆中,则如版次装钉等栏也可略去不记。不过每册应有一定的页数,每页亦应有一定的行数,如五十页五十行等整数,可以便于计算,现在把这种书籍登录册的式样附后:

书籍登录册(第　　册第　　页)												
登录号数	类号	书号	书名	著译人	册数	出版处	出版年月	价格	页数	版次	装钉	备注

　　以上是关于书籍方面的登录情形,此外尚有杂志报纸的登录,这种登录的手续,虽亦和书籍略同,但在今日一般的图书馆,常因求其便利统一起见,每日每期先归阅览科收受,而由该科另备一种登录卡按日按期记载,须俟其满月或完卷装钉成册后,于是再作单行书籍计算,补行正式登录的手续。现在把这种杂志报纸的登录卡附下,以资参考。

（甲）杂志登录卡

登录号数			杂志名称												
		年份	卷数	一月	二月	三月	四月	五月	六月	七月	八月	九月	十月	十一月	十二月
编辑人															
全年期数															
出版处															
价格															
定购起讫															
定购年月															
定购处															
定单号数															

（乙）报纸登录卡

登录号数			报纸名称																															
编辑人		日／月	一	二	三	四	五	六	七	八	九	十	十一	十二	十三	十四	十五	十六	十七	十八	十九	二十	廿一	廿二	廿三	廿四	廿五	廿六	廿七	廿八	廿九	三十	卅一
出版处		1																															
		2																															
价格		3																															
		4																															
定购起讫		5																															
		6																															
定购年月		7																															
		8																															
定购处		9																															
		10																															
定单号数		11																															
		12																															

　　以上不论书籍登录或杂志报纸的登录，其所填写的字样，都宜十分清楚，而所有的门栏，亦须一一按栏填写，其登录号数一栏，尤须使之连续填写，这样你要知馆藏若干书籍，只要一翻阅此最后的号数，就知道馆中有多少藏书了。

　　至于捐赠书籍或交换书籍，则又须另备一种捐赠或交换的登录卡,然后再行正式登入书籍登录册中。

捐赠号数	捐赠(或交换)者姓名									
		著译人	书名	册数	版次	出版处	出版年月	价格	装钉	备注
图书号数										
捐赠日期										
收受日期										

　　这登录卡记入后,一方即填发谢函或覆信,一方即送交选择部分为有用与无用的二类,有用者即照购置书籍一样的再履行正式的登录手续。这种手续,如果都已一一竣事,那末即可将其实物的书籍及其登录卡等,一并送交编目科,实行分类与编目。

第四章　分类编目

　　本章分为分类与编目的两大部分,兹先讲分类:

　　讲到书籍分类的一事,这是谁都承认在管理法中是一件最烦重的工作,因为他非仅是本身有着繁复的变化,而且和流通参考编目的各方面,又都得有密切的关联,所以如果没有一个适当的分类,那末其他的各方面,就必然地可以受到它的影响的。但是试问分类要怎样才算是适当呢? 现在就不妨将这一点来论列如下:

　　中国的书籍分类,在以前原只有经、史、子、集的四库分类法的一种,后来虽因时代日进,又输进了许多科学的分类法,但我们却总还嫌他未见澈底,而有的又因了要顾及我国原有的古籍,还采用着一种新旧两用的分类法,所谓旧的,就是采用四库的分类法,新的往往自创或采用杜威氏的《十分法》。其实这都是些不很适当的办法。现代学术既以世界为中心,那末当然也无所谓有其新旧,且所谓新旧的标准,也殊难区别得清楚;同时又因经、史、子、集的不分类,这更为一最错误的观念。所以说到分类,我们当然希望新旧书籍都能有统一的分类,而将旧的经、史、子、集也打破其传统的见解,一一来分置于各属的门类之中。分类的标准既定,于是就再要检视现下所通用的各种分类法的必要。关于现下的各种分类法,这里不能一一的把他列举出来,不过根据最通行的分类法中,归纳下来,也大概只有下述的二种,一是杜威氏的《十分法》,二就是《美国国会图书馆分类法》,至于其他各种的分类法,则大都根据以上两种改革而来。此处不妨即就此二种分类法,来详细研究一下:(一)杜威氏《十分法》(M. Dewey Decimal Clssification)简称即为 D. C. 。他的特色,就在于将全世界的学科,能归纳为十大类,十大类又分为十项,每项再分为十目,共成一千目,而各目之下,又可无尽的以十进法分析下去,故因此能愈分愈细,变化无限,且尤便于记忆和运用。这也就是《十分法》所以能普遍采用的重要的原因。不过其缺点,也就在"十分法"(即限于九位),以致毫无有伸缩的余地。分类的纲目,因已为一般围员所熟悉,故不再附列。(二)《美国国会图书馆分类法》(Library of Congress Classification)简称即为 L. C. 。他是兼用字母和类目的一种分类法,其大类用字母一个或二个,子目则加数字一到四位,所以这一分类法,于添加新目是很有余地,且其门类又能各成整个,不必强从归属于某某门类之中。不过他的缺点,却是只适用于规模伟大的图书馆,才能舒展其长,至于在小范围图书馆中,那末非但是不能适用,且简直是一种毫无意义的工作。兹将其分类纲目简录如下:

A　总类

B　哲学

　BL　宗教

C　史学

D　各国历史和地形(除美国)

E　美洲和美国总论

F　美国分论

G　地理和人种学

H　社会科学

　HB　经济

　HM　社会学

J　政治

K　法律

L　教育

M　音乐

N　美术

　　NA　建筑学

　　ND　图画

　　NE　印刷,制版

P　语言文学

　　PN——PV 文学史,文学

Q　自然科学

R　医学

S　农业

T　工业

U　陆军

V　海军

Z　目录及图书馆学

综观以上这两种分类法中的所谓缺点,仍在方法(System)一方面,而我们对于这一点,还认为可予以相当的原谅。现在我们是须注意到其排列(Arrangement)的一方面。关于其排列方面,实在大有可研讨的价值。这二种分类法在排列上对于社会的观念,可谓十分不合于现代进化的,这也已有好多人指出过。即如十分法中一〇〇为哲学,二〇〇为宗教,三〇〇为社会科学,这样的排列,就根本抹杀了社会进化的先有社会而然后才有如哲学宗教等上层筑物的理论,而这种错误的观念,在 L. C. 中,也可同样的找到,如 B 为哲学,BL 为宗教,C 为史学,D 为历史,E 为美洲及美国,而直至 H 才为社会科学。所以这种观念根本错误的分类法,当然决非为我们今后所需要。今日尚有一部人们仍以为书籍的分类,只须将性质相同的书籍搜集一处,以便参考和查阅即可(卡特氏 cntter

原则)。然而这在我们看来,却认为还未能适当地达到分类的任务,将性质相同的书籍搜集一处,这固然是个不易的原则,但我们除此之外,也还应该注意到一学科的社会背景,和思想有系统排列的一点,所以我们还应该积极的对读者负起教育的意义,要将此浩瀚的学术,都能以正确的观念去系统地排列起来,这样无形中即能养成一种正确的社会观念,在每个读者脑中。同时这样也才是图书分类的最大任务。所以今后分类的要求,自必须注意到(一)有简明易于运用的方法,(二)有正确观念系统分明的排列。而今后既有这样的一个要求,于是著者自有介绍一个新的分类法的必要,这个分类法是前上海通信图书馆所创,简称即为 S. T. T. 。因著者前亦为该馆的会员之一,因更将其纲目和三种活用的分目表,也一并附录于后(根据林宗礼著《图书馆及其分类法》与《上海通信图书馆月报》二卷一期):

　　○○○　　总类
　　　○一○　　书目
　　　○二○　　图书馆学
　　　○三○　　学术总论
　　　○四○　　普通丛书
　　　○五○　　普通类书
　　　○六○　　总集
　　　○七○　　普通社会刊物
　　　○八○　　新闻学
　　　○九○　　普通期刊
　　一○○　　社会科学类
　　　一一○　　社会学
　　　一一一　　社会进化
　　　一一二　　社会组织
　　　一一三　　社会问题(一)关于劳动问题、失业问题等。

20

五七〇　生理学

五八〇　心理学

五九〇　数学

六〇〇　应用技术类

六一〇　农业

六二〇　工程

六三〇　化学工业

六四〇　手工业

六五〇　制造工业

六六〇　营造

六七〇　商业

六八〇　家政

六九〇　医药卫生

七〇〇　语言学类

七一〇　比较语言学

七二〇　国语

七三〇　亚洲他国语

七四〇　北欧各国语

七五〇　中欧各国语

七六〇　南欧各国语

七七〇　其他各国语

七八〇　古代语

七九〇　世界语

八〇〇　历史类

八一〇　世界史

八二〇　中国史

八三〇　亚洲他国史

八四〇　北欧各国史

八五〇　中欧各国史

八六〇　南欧各国史

八七〇　各岛国史

八八〇　其他各国史

八九〇　传记

九〇〇　　地理类

九一〇　世界地理

九二〇　中国地理

九三〇　亚洲他国地理

九四〇　北欧各国地理

九五〇　中欧各国地理

九六〇　南欧各国地理

九七〇　各岛国地理

九八〇　美洲各国地理

九九〇　非洲各国地理

　　附录:S. T. T."书类"的活用分目表三种(据《上海通信图书馆书目》(第六版))。

　　第一活用表——意义的

00	总的,全部研究的…
01	科学性的,叙述的,或分国研究的……
02	哲学性的,原理的,考证的……
03	文艺性的,描写的,批评的……
04	丛书,丛刊
05	类书,词典,章程……
06	技术的,学习的,图表,报告……
07	会社刊物
08	史
09	杂志,期刊,日刊……

第二活用表——地域的

1	诸国 （全世界）	4	（北欧）俄	6	（南欧）法	8	（美洲）美
.1	古国	.1	立陶宛	.1	意大利	.1	加拿大
.2	东半球	.2	拉特维亚	.2	南斯拉夫	.2	墨西哥
.3	西半球	.3	里伏尼亚	.3	罗马尼亚	.3	巴拿马
.4	两极	.4	爱沙尼亚	.4	布加利亚	.4	哥伦比亚
.5	亚洲	.5	芬兰	.5	希腊	.5	巴西
.6	欧洲	.6	挪威	.6	阿尔巴尼亚	.6	秘鲁
.7	海洋洲	.7	瑞典	.7	西班牙	.7	智利
.8	美洲	.8	丹麦	.8	葡萄牙	.8	阿根廷
.9	非洲	.9	其他 北欧各国	.9	其他 南欧各国	.9	其他 美洲各国
2	中国	5	（中欧）德	7	（各岛国）英	9	（非洲各国）
.1	阿富汗	.1	奥国	.1	爱尔兰		
.2	波斯	.2	匈牙利	.2	日本		
.3	土耳其	.3	捷克	.3	菲律宾		
.4	犹太	.4	波兰	.4	南洋群岛		
.5	阿拉伯	.5	荷兰	.5	澳大利亚		
.6	暹罗	.6	比利时	.6	新西兰		
.7	高丽	.7	卢森堡	.7	古巴		
.8	西伯利亚	.8	瑞士	.8			
3	其他 亚洲诸国	.9	其他 中欧各国	.9	其他 各岛国		

第三活用表——朝代的

0	历　代
1	古　代
2	两　汉
3	三国、六朝
4	唐
5	宋
6	元
7	明
8	清
9	民　国

　　这个分类法是采取各家的长处,加入自己以为需要的几点,而完全以中国为主而成的。计其中各家被采取最多的是杜威氏《十分法》,杜定友《世界图书分类法》,与王云五《中外图书统一分类法》。这个分类法,虽其中尚有许多地方还不能合于我们的理想,但这分类法能多所补正各家的分类法中缺点,而同时仍能保持各家的长处,这一点在今日各分类法中,实已有介绍的价值了。并且这种分类法,在今日亦已有多处在采用:如蚂蚁图书馆的《书目》,现代书局的《图书总目》,和生活书店的《全国出版物目录》都是根据这个分类法来编印的。所以将来只须能有人继续在改进努力,这分类法实亦不难普遍于我国的。以下接讲编目。

　　分类如已为我们所决定,其次当然便为的编目工作,编目却亦为管理法中一重要的工作。因为检查参考书籍时的能否便利,大部分在编目的是否适当,编目若适当者,那末便可弥补很多分类上和其他方面的缺点,而编目不适当者,其余各部工作的优点,或竟也可因之而全部湮没,这也是件可能的事实。例如旧有的心理学,如照杜威等法是归属于哲学类的,但近今心理学显已跳出哲学范围而走入于自然科学的范围,那末这样分类上的弊病,就非得由编目来下一补救办法不可。所以归纳编目的要点,大致是可有下述的几点:(一)能补救分类上一书不能分置两处以上的困难;(二)可分析一书所包含的内容;(三)制备关于著者、书名和类别的详细索引(据沈学植《图书馆学 ABC》)。不过仅言一编目,而其中关于目录上应有怎样的范围和应怎样的登录,以及目录的种类等等,实也很有相当的复杂。现为减短篇幅起见,可摒除一切理论,而专述其实践方面的种种如下:

第一就是目录上应有怎样的范围,换句话,就是说目录上应登录些何种事项,这就不外书名、著者、类名、版本、细目、图卷、备注等的几项。兹因版本以下的四项,似太涉细屑,拟即省略外,现在将类名、书名、著者的三项详述之:

(甲)类名目录

一、凡一书有两类可归属时,那须从内容部分多的或书面第一名为准衡,余则都用互见卡如“教育——统计”见“统计——教育”即是。

二、如果一书的里面有一章颇有价值,但却为原有种类所未能显示者,那末在该章类内亦可列入一条,并在备注栏内注明“见某书内”等字样。

三、凡括有四字以上的类名,便须一律分开,将名词排在前面,形容词等排在后面,如“财政——中央”。但在下列的二种,则仍又作整个名词计算:(1)九小类的名词如“文学批评”,(2)四个字为两个名词等所组成,而在前的一名词,又合于学科名称者,如“劳动问题”“革命运动”等等。

四、类名应排在地名的前面,而地名又应排在时代的前面,如“地理——亚洲——古代”等。

五、两地名并用时,那小地名便应在前面,大地名应在后面,如“游记——庐山——中国”等。

28

六、每一类名至多只可分做三项,第三项以下的类名便可无须再按原则分开。如"小说——短篇——中国文学"等。

七、十大类的类名,普通都以不作为类名为原则,但此类名亦得用以说明两可,或不甚明显的小类名称。例如"辩证法——哲学""传记——文学——中国"。

八、分类中居小数点下的类名,也普通都不作类名为原则,但如此等类名很为确切,或更较小数点前类名为明显者,那亦得例外。现即以《S. T. T. 分类法》的书类纲目中,择一二为例,如"一一七、三"应即作"工人运动"而不作"社会运动";"三九八、二"应即作"中国笔记杂录"而不作"文学杂著"等。

九、类名仅标其他二字样者,那便须改取其实在的类名,如中国的孔教,这按分类是应入"一五九"的"其他宗教"项目下的,但现在则应作如"孔教——中国"是。

(乙)书名目录

一、书名应以版权页上或书名页上所载的书名为标准。

二、所有订正足本大字绘图及旧籍上钦定御批等等的冠词,便应改作小一号字体,而不作为书名计算。

三、书为合钉本,应为各书各类分列,而得在其附注项内注明:"在某书内"等的字样。

四、分期刊行的书籍,可除其顺序的号数,而仅录其书名。

(丙)著者目录

一、凡著者名号并行的时候,则应取该书的封面或版权页上所列的名号为准,其并用两名者,则便取在后的一名。

二、书为编的或著的,都须在著者或编者的姓名后注明之。

三、机关编著的书籍,那可即以其机关的名称为编著者。

四、如不止一人编著而是合著合编的书,那亦只能列首一人的姓名于著者项内,而于其姓名后,再附加一"等"字。

五、翻译的书,可以译者和原著先后并列,而如无原名的,则应在译者姓名后多加一"译"字。

六、无著者而为一家出版的书籍,那便可以出版家为著者。

七、著者略语,类有一定的规定:凡著作、讲述、撰述等,便都用"著"字;凡编辑、辑录、编次等,便都用"编"字;凡翻译、译述等,便都用"译"字;凡标注、傍注等,便都用"注"字;而增补等便用"补"字;写本等便用"写"字。

第二是应怎样的登录。这如分析起来,如书名、著者、类别、参见、丛书等,也有多种,兹亦只举类名、书名、著者三种目录的式样于后,以示一例。

类　　号		图书馆学　　（用红色）
书　　号	杜	定友　著
		图书目录学
		上海,商务,15。
登　　号		
		○

（甲）类名目录　　这是一种以类名为主而做成的目录,故其类名即写于第一行。行格系由第二红直线起,字色则用红色。上附一目录的式样,便是类名目录之一例。现可再将其余的各登录字样,简单的解释一下,第二行的"杜定友著"这便是著者名,行格系由第一红直线起,第三行的"图书目录学"即是书名,其地位大概都在著者的下一行。行格则较著者为下一格(即第二红直线起)。其第四行的"上海,商务,15"等字样,即为表示"出版地址""出版处所""出版时期"之谓,行格则再较书名为下一格(即第二红直线空一格起)。其每项与每项之间,可用此","记号别别。至于在第

一红直线左方的"类号""书号""登号"等字样,即可一依上图所示的地位为例。

(乙)书名目录 这是一种以书名为主的而做成的目录,书名系于第一行第二红直线写起,著者则于第二行的第一红直写线起。其他各项因"类名"和"著者"目录中,已有登录,故这里便可省略。

类　　号		图书目录学
书　　号	杜	定友　　著
登　　号		
		◯

(丙)著者目录 这是以著译人姓名写于第一行的著者目录。由第一行第一红直线起,而书名则退为第二行第二红直线起。其第三行各字样,因已见"类名目录"中,故这里便不再多赘。

类　　号	杜	定友　　著
书　　号		图书目录学
		上海,商务,15。
登　　号		
		◯

第三就是目录的种类。目录的种类,在形式方面分为(一)卡片式目录和(二)簿册式目录的二种。卡片式目录,为以上所屡述的一种目录卡,而簿册式目录者,大都均依据目录卡而编制成者,这种目录,是用一种长方形的簿册,每页可填数种书籍,顺次联接,如同簿册故名。其编制有依书名编制,有依著者编制,有依类别编制,以及有先依类别编制,后附分类类目,书名和著者的混合索引等四种。这四种者,自以最后者为最佳。

目录的种类,除形式方面外,在内容方面可分为:(甲)字典式目录,(乙)书架目录,(丙)分类目录等的三种。兹分述于下:

(甲)字典式目录　字典式目录是将书名、著者和类别三者的目录卡,混合后以检字法排列而成的。这种目录的特点,在于其能集合各种目录卡,使其排成一有系统的目录,检查者只须像在字典中检字样的,一按书名或著译人姓名或类别名的笔画检寻,即可得其所需的目录卡。

(乙)书架目录　这是以各目录卡依书架次序排列的一种目录,可供编目者之参考,和查核馆内藏书之用。至于卡片上所应登录的事项,则除书的种数册数等项一一登录外,其余如图卷、细目、备注等栏,都可省略,而另在下方,加填书的来源(如某人赠,某处购)、实价或收受年月等字样。

(丙)分类目录　此即依分类法排列而成的目录卡,其所登录的字样,亦和书名目录卡等同。其目的即在将各书所属的类别,能显示其学术的系统,使其性质相近的书籍,或用互见或用参见等的方法,都能集合一处,可表示各类各科所有的书籍。

第五章　排列与检查

　　书籍既经分类编目竣事，以及将"称谓号码"（即类号书号的合称）亦制就后，这在编目工作方面，便可告一段落，且马上可以送交藏书库去将书排列在书架上面，但关于排列上，除注意其系统的排列已如上章所述外，在次序上，又可分为下列的二种：一种是大小排列法，一种是分类排列法，现再分项叙述于下：

　　一、大小排列法　　这是依据书籍的大小开本而排列的，即大书归大书在一起，小书归小书在一起的一种方法。如依这种方法分开排列后，自可得下列二种的利便：（甲）经济，因这样排列后，书架中即没有空隙地位，因在同一的书架里面，便可藏较多的书籍；（乙）美观，因大小书籍完全分列，这样自没有参差不齐，而在形式上便显得美观异常了。

　　二、分类排列法　　这是依据书籍的种类而排列，即经济学类归经济学类在一起，文学类归文学类在一起的一种方法。如依这种方法分类排列后，自亦可得下列的二种利便：（甲）易记，凡是同类书籍归在一起，可使人易于记忆；（乙）易检，因各类书籍在书架上都有一定的次序，这样自又易于寻检。

　　所以这两种排列法，也各有各的利便，初看起来，也似乎很难加以一种取舍，但我们今日如根据事实来把这两种方法比较一下，那自以后者的排列方法为较适用，因：（一）书籍的处理，最要注意的，便在于出纳的简单迅速，所以若仅讲排列不顾出纳，或仅讲空间不顾时间,这种方法,自不能适用于现代事务日烦的图书馆。
(二)书籍的处理还有一点须注意,就是内容与实际,所以若仅讲外表不顾内容,或仅讲形式不顾实际,这自也是有失图书馆本旨的一种方法。

　　至于讲到这种分类排列法,其中如再加以分析,却还可分为下列的二类,一是固定排列法,一是自由排列法。什么叫做固定排列法呢?因为这种排列法,是完全将各类书籍依次排列都有一固定的地位,而在书籍上面,记入此固定的书架号数,所以这种方法,凭号检书,殊为简捷,但这种排列法,在遇到增添书籍的时候,须要将各类号数,统统都要改动,所以这种方法,很费手续,且也不经济,而远不如后者一种自由排列法的容易伸缩。

　　自由排列法者,因为这种排列法是依据书籍上面的分类号数而将各类书籍顺序排列的,所以其中如增添书籍,只须将书籍逐类顺序推下,完全不必再行改动号数。又年长日久,如书籍加多后,此书架而不能容纳时,那就可以随时添置,亦不必一时备置许多的书架,所以现在在分类排列法中,亦以采用此方法为最多。

　　但应用这种自由排列法,在同类号的书籍不止一部一册时,那在排列上又得成为问题,所以分类以外,须再按著者的姓名排列,这样才能够每书有其一定的地位。可是讲到著者姓名排列,因中外字形的差异,于是这里又得发生中外书籍不能同处排列的问题。西文是素依字典式,即类都按照卡特氏所编的著者号码表而排列,而中文却通常都以部首或笔划排列为标准,近年以来,国内检字法,层见叠出,所以汉字的排列,因可藉号码为代表而已能和西文书籍同列的方法,自已很多。不过在排列上,究以采何种方法,为最确当,这在此时间内,自很难有一肯定的回答。现在下面所附的一种,也姑作一例而已(王云五《中外著者统一排列法》)。

　　一、西文著者依照下表如 Henry, O. B. 的号码是 0701,
Monroe, Paul 的号码是 8010,姓取二码,名则各取其一码,如遇单名的,那名和姓就可各取两码。兹揭示其检查表如下。

HO	A	0
P	B	1
K	C	2
T	D	3
YJI	E	4
WUV	F	5
Q	G	6
R	L	7
N	M	8
Z X	S	9

二、中文著者依照第二次修订的《四角号码检字法》(王云五的《中外统一分类法》,诚然是很可非议,但他的《四角号码法》却值得我们所采用),如蔡元培的号码是4414,周树人的号码是7248,方法可参看该检字法的说明。

三、中外书籍一依号码次序混合排列,如 Monroe Paul 的 8018 即排在金孟政的 8011 的前面。

四、相同的书号,就有相同的几个号码,得再按其书名第一字的第一角或第一字母,加一位小数在上述四码的后面。

以上所讲的排列,虽大都是关于书籍方面,但在目录卡方面的排列方法,大致也相同,大概亦不外为书名目录、著者目录、类别目录这几种。书名和著者两种目录卡,在西文书籍中都按其罗马字母的顺序排列而成,但在中国的书籍,因国内检字法,层见叠出,故须采用何种,至今亦难以肯定,上面所介绍的《四角号码法》,自也不妨相当的采用。至于类名目录卡,则大都均按其分类法的不同而异,大致即先依其类号分出类别,然后再依其书号的次序而排列。此外又有一种排列指引卡,其形式大小都和目录卡相同,不过上方须作成凸形,以便填注指引的字样,作为指引其后列目录卡之用。其中大致分为字典式目录指引卡和分类目录指引卡的二种。

　　次于排列问题者,当即为怎样去检查书籍的问题。讲到检查书籍,其所凭的实体,当然也不外这卡片式目录和簿册式目录的二种。检查卡片式目录和检查簿册式目录,在方法上亦没有甚么不同,而且这两种方法,也各有其优点的所在,我国以前莫不都用簿册式,而对外宣传时,尤不能不借簿册式的目录。但卡片式目录,则很便于增加与修正。一书而如可见两类以上的,那卡片也可制二张以上。所以少数的书籍,可因了卡片分析为多数门类,这尤于较小的图书馆中,为有重大的意义。因此即将其检查方法,简述如下:

　　这种卡片式的目录,是全为一般利用圕而不明圕技术的人而设,所以这一种目录,尤须能适合检查的简单和便利。查目录卡的种类,大致即分著者目录书名目录和类别目录等的三种,而这三种又大都依号码次序的排列法,排列于目录柜内,阅览的如欲借阅某书,那就只须依法检得其目录卡,再由管理员到书架上去按码寻索,即得该书。而同时这三种目录卡又有其连系的关系,即不论检查何书,只须任择其中的一种目录卡,莫不都能检查而得,现在不妨再举一例如下:

　　例如欲借阅钱亚新著的《索引与索引法》一书,那末(一)在目录柜内检"钱"字,即得著者目录,这著者目录便有注明该书名及位置等等,且同时又可得钱氏其他所著的各书。因每一书籍必有一著者目录,若著者的姓名相同,当然各目录卡便即相同一处,故因此便很易检得。(二)检"索"字,便得书名目录,此卡上又有注明该著者和书名等等的字样。(三)检"图"字得"图书"、"圕学"等关于类名的目录卡若干,那这若干卡中,自必有钱氏的"索引与索引法"的目录卡在内。

第六章　出纳与典藏

　　关于管理方面的技术工作,最后便要一谈书籍的出纳和典藏。现在先讲出纳,讲到出纳的意义,简单言之,亦就是流通书籍而实施贷出和还入的一项工作。而这一项工作,较诸任何一种工作为最繁忙。我们只需一观在每一公开图书馆中,出纳科常是占到最重要的地位即知。至于归纳的事务,约可分为下列的三项:

　　一、书籍的贷出　书籍一经列入书架,当即可履行贷出的手续,不过贷出的范围也有数种分别,一是贷出后即在馆内阅览者,一是贷出至馆外阅览者。而馆外阅览中,又有如本埠贷出外埠贷出等数种。馆内阅览者,手续当然非常简单,普通都在目录柜内,或按检字法或按分类法将所需的目录卡检得后,照其书名著者名,以及称谓号码等一一抄写于借书单上,然后交由出纳部,而出纳部亦当即根据此借书单至书架中去按码取书,然后交与借书人。其借书单的式样兹附一种普通的如下:

某某图书馆借书单					
类号	书号	书名	著者	册数	备注

座位号数＿＿＿＿＿＿　　借者姓名＿＿＿＿＿＿

年　　月　　日

　　至于一般阅览的规则,各图书馆虽各自订定,但大要总不出下列的几则：

（1）如欲借阅书籍，应先向目录柜内依法检得其目录卡，然后即照抄此书名及号数等于借书单上，交由出纳部。惟每次以一册为限。阅毕仍归还出纳部。

（2）阅览时请勿高声朗诵，或谈笑争辩及吸烟随意吐痰等。

（3）公共书籍，阅览者千勿以笔加注或圈点，以保存书籍的整洁。

（4）不能携带包裹物件或书籍等入室，如有应请于入室时寄放管理员处，领取寄放证一枚，出室时凭证取还。

（5）室内陈列之当日或最近期报纸杂志，则可得自行取阅，但阅毕须归还原处。

（6）书籍等向出纳部借来者，须由原借书者直接归还，不能私自转借于他人。

（7）阅览报纸宜自动注意时间，勿使占据太久，而使别人等候。

（8）室内书籍不能携出阅览，否则须另办贷出馆外手续，其章程另定之。

以上叙述的是完全在馆内阅览的情形，但一个图书馆的容积究属有限，同时在阅览人的方面，也有职务上时间上种种的限制，所以又有书籍贷出至馆外阅览的一种办法，而今在馆外阅览者更有外埠贷出的设施，这样当然亦为图书馆所应负的一种普及文化的工作。不过因有了这种馆外阅览的办法，于是就发生着一种可以贷出和不可以贷出的问题，其所以不可以贷出者，就是因为一方须顾到馆内阅览的应付，和一方须慎防遗失种种，所以普通关于使用频繁的参考工具书籍，新到或无复本的书籍，以及善本孤本等的珍贵书籍，大概都是不能贷出阅览的。

至于贷出的方法，虽因各圈家的意见，而各各不一，但其中主要的几种纪录事项，则总大致不出下列的四项。

（甲）借书袋　这种借书袋专填写借书人的姓名、地址、职业以及号数之用。兹附此种借袋书的式样于下。

（乙）书籍袋　这种书籍袋即为填写类号、书号、册数以及登录号数之用。兹亦附此种书籍袋的式样于下。

<table>
<tr><td>（甲）借书袋</td><td>（乙）书籍袋</td></tr>
</table>

（甲）借书袋	（乙）书籍袋
姓名 ------------- 住址 ------------- 职业 ------------- 号数 ------------- 某某图书馆	号数 ------------- 书号 ------------- 册数 ------------- 登号 ------------- 某某图书馆

（丙）书籍目录卡　这书籍目录卡上面约分为称谓号码书名、著者名以及登录号数等项，当书籍在馆时，这目录卡即插在原黏在书籍封面背后之书籍袋中，一俟该书贷出者，当即将此目录卡抽出，插入借书袋里，兹附这种目录卡式样于后：

类号	
书号	
书名	
著者	
册数	
登号	

（丁）限期表　这限期表为加盖贷出或还入日期印章之用。系黏于书籍封面背后的对页上，当书籍贷出时，即在限期表上加盖贷出日期印。兹附此种限期表的式样于后：

限 期 表		
号数	借出	还入

二、书籍的还入 限期表盖印后,即可将书籍交付借书人。而一面便将借书袋依还入日期的顺序排列在匣中,同一日期则再依类号和书号排列,一经过期的,马上通知借书人。借书人还入书籍的时候,首先就须检查有否损坏和有否缺页? 次即查对和目录卡是否无误? 如都一一无问题的,便可依限期表类号书号等抽出书籍目录卡,插在书籍袋里边,将书籍仍回复排列入书架中。

以上是完全讲的出纳情形,现在可再进而讲典藏的种种,典藏中的门类,大致可分为整理、保存、装钉等种种,现在一一分述如下:

一、整理 书籍的整理,这在图书馆管理方面,也是一件很重要的工作,因为每天出纳的书籍,流通无已,这样日积月累起来,当然难免不有零乱散失的弊病,这样管理的人员除随时整理其次序以外,还应该注意下列二事:(甲)书籍的查核,(乙)书籍的撤消。

(甲)书籍的查核,这普通都在每一月或每半年按照书架表(Shelf List 系为藏书的类别纪录)查核一次。其查核的方法:一人按照书架表,而由另一人检点书架上所有的书籍,两相对照,如遇到一书不在原来的位置时,便可先记入一预备簿册中,然后再和借书单,书籍目录卡等凭证,两相对照,看这本书究属是不是在馆内阅览,或贷出在馆外,倘若仍然查对不出,那就要再另用一簿册登录,以备查考。因为据实践所得,往往因给馆员误放地位,而一时便认为遗失,但不知数月后却又发现在另一地位,所以实际上并不曾有什么遗失。所以凡遇到这种情形,则宜另备簿册登录,而不可即行将该书在书目中注销之。在一般图书馆中,常须至一年以后,此书实无从查核时,这样才能履行这种注销的手续,在登录簿上填写"此书业已遗失"等字样。

(乙)书籍的撤消,书籍撤消,大致不出下列二因:一是因损毁而无法装钉修补的;二是因该书已旧或发觉其无益而不适用的。这第二因我们虽有布郎氏所定的标准可据,但不知该标准的本身也业已陈旧而不适用,所以我们今后也应另定我们自己的取舍书籍的标准。不过我们现在在未另定我们自己取舍的标准前,也不妨将布郎氏所定的标准附录于下,以资参考(据杨昭悊《图书馆学》):

(甲)自然科学　仅抄录目前事实,经过二十年之久,已有较良的书籍出现的。

(乙)应用技术　这种标准和自然科学一样,但特许专卖的解说书、医药书、家政书,仍当保存。

(丙)社会科学　关于这一类的书籍,当屡有增减,如法律、政治、经济、教育等,更应当随时变迁,论时事的书籍,有历史书出版,就应当撤销。

(丁)哲学和神学　哲学史和哲学解说等书,若有更好的出版,不妨把旧书撤销,古旧的神学书圣书注解各宗教书籍说教书类,得任意撤销。

(戊)历史和地理　普通的游记和各种旅行指南,除关于乡土的以外,可以撤销,但有名胜图画的不必撤销。

（己）传记　平常个人传记经四五十年以后可以撤销。

（庚）语文学　旧文法书和普通学生所用的辞书可以撤销。

（辛）诗歌和戏曲　诗人和戏曲家的著作，业经阅览人饱读著作姓名，并不见于文学史的，可以撤销。

（壬）小说　小说著作人姓名不见于文学史的，经一二年后，就可撤销。

二、保存　书籍的保存方法，据美国美术协会所研究的结果，是应当注意到下列几种东西。

（甲）煤气　因为煤气是含有硫酸及亚硫酸，这对于皮革书籍的封面等，是很为不利，所以首先应当设法避开。

（乙）光　一般人对于直射的日光及暑热的空气，多不留意，不知这二者对于皮革的书籍所起的作用，往往发生褪色或迳即解体的恶果，因之唯一的办法，就是用窗帘等设法隔绝之。

（丙）香烟　香烟非仅易燃火灾，且其阿摩尼亚的气味，尤能使书籍被薰蒸损坏。所以圕中应绝对的禁止吸烟。

（丁）湿气　在潮湿的地方藏书，易生黴而烂及书籍，所以于建筑方面须注意其空气流通外，其他还应于空气干燥季节中（即在秋末冬初，国历的十月左右），举行曝晒。但洋装书却不宜曝晒，只有展开陈列在空气流通的处所，使其自然的干燥。

（戊）热　书库中遇到潮湿当然有害，但由于热的空气所招来过度的干燥，那也能发生同样的恶果。所以书库选择于暗房或傍在烟突附近的，都不相宜。

（己）尘埃　尘埃宜注意拂去，并须当风处用防腐剂擦在装钉的地方，拂尘时尤须择良好的天气，拭去后须暂时摊开在外通风数小时。

（庚）蠹鱼、老鼠、油虫　驱除蠹鱼，可用松脂油或樟脑等法；驱除老鼠，则须设法封闭鼠穴或用捕鼠器等法；驱除油虫，可试用歧廷氏（Heating）的虫粉（Insetpowder），但须不时更换其新粉，这才有效。此外在装钉时装钉的地方，洒上一些除虫菊粉，又把黏贴书籍上的书签的胶水或浆糊中，加上一点硼酸，这也是防御蠹鱼等的一法。

三、装钉　图书馆遇有应当修理或重钉的书籍，便须随时取出装钉，偶一迁延时日，搁之不装，那就难免因之而脱页遗失，这就大为损失了。不过装钉书籍，在大规模的图书馆，往往是另有装钉科办理，而小范围的圕，须托外面的印刷所中代为装钉。所以关于怎样去装钉，换言之亦即装钉的方法，这完全是一种专门技术，这里自可不必述及。不过无论自行装钉或托人装钉，一个管理员对于装钉的是否完善，是应当随时予以注意。其注意的地方，现在亦可分为下列三项：

（甲）装钉的是否完善，这和保存方面是很有密切的联系，因此关于装钉的材料，就得注意书面的结实光滑与否，和是否有防水的效能？最好是每书都用坚韧的皮革做书面和书脊，用油布缘边于四角。

（乙）装钉方面除注意其结实坚牢外，于美观方面却也得注意，这在文艺和儿童等类的读物，尤其应当求其装钉上的美观。因（一）美的书籍，容易引动读书的兴趣；（二）美观的书籍足以使图书馆增加美观，使阅览人常常想起"到图书馆去"。

（丙）装钉在其他方面如钉缝的要十分注意，浆胶的不宜多厚，尤其应注意使他易于开卷与阅览。总之，装钉对于阅览方面亦为管理员应注意的一事。

以上是关于装钉方面所应注意的事项，现在更可将其交付装钉的手续，举要的一述：应当修理或重钉的书籍，无论自行装钉，或托人装钉，都必须先将应装钉的书籍聚集一处，然后从书籍袋里抽出书籍目录卡，另行放置；一方却再立一装钉书籍的登录簿册。这种簿册的式样如下：

装钉书籍登录册							
装钉号数	登录号数	类号	书号	册数	送钉日期	收还日期	备注

　　而交付装钉的时候,除应录入上述的登记册外,须另用纸条写明装钉的内容,包含形式尺寸以及应用何种装钉何项纸张等等。夹在书籍里面,将来俟装钉完毕随同书籍交还的时候,即可依此以及和登录册中所载的是否都相符合。若然一一都无误者,于是才可查出书籍目录卡,插入书籍袋中,重复排列至书架中去。

　　以上所述,都是处理书籍几种基本的重要工作,这无论在大规模图书馆甚至即个人的图书室中,其处理技术的原理,则莫不相同的。虽然,关于处理书籍的事项,除上述种种,此外当然尚有许多没有讲到,这是因为本书限于篇幅的关系,不能一一详述,更因本书的目的,全注重于一种实践的纪录,故读者如欲再进一步研讨,当请另研读坊间关于管理法的专书。

第二编　杂　志

第一章　处理杂志的两种方法

杂志(Magazine)一名期刊(Periodical)，这两个名辞的语源，虽各不同，但是现在在圕学的术语中，却已互相通用，已没有什么不同的所在了。所以我们现在凡对于前后连贯，卷号赓续，定期而无时限的刊物，每次的内容，包括着各种的文字，而为若干作者所著述的一种刊物(据《美国图书协会规则》A. L. A. Rules)，那我们无论称他为杂志也好，称他为期刊也是一样的。

谈到杂志这一种东西，较诸报纸固稍有系统，但如较诸书籍，则也就繁复得多了。所以杂志当然也须同书籍和报纸一样的有个适当的处理方法才是。讲起杂志的处理方法，在以前不外只有装钉与拆钉的二种方法，所谓装钉者，即是俟杂志每半年一年或半卷一卷后，便将其汇合装钉的一种方法，在装钉时除注意其有无缺期或有无缺页的等情，以及其每期的无用之广告页，设法拆开取去，一以减轻杂志的重量，二便利读者外，其他即没有什么手续了。这样的装钉，在手续方面，诚然很简单便捷，但讲到参考方面，其效用则仍和没有装钉者相等。因为今日在杂志的每年或每卷末期中，虽已都有目录索引的附送，但关于卷期等则又殊不一律，譬如每卷有多至十二册或五十二册，仅有一目录。再有一册中每篇页数各为起讫，不相连接者，甚至更有根本不注明卷期者。像这样装钉成册后，当然很不便于参考时的检查，所以其效用也仍和没有装钉者相等。不过这一种方法的不便利，却还不在于这些地方，其最大的缺点,在每年每卷虽有目录索引的编制,但以一杂志而言,其每卷每年亦自成一系,毫不相联,如无一种总目录索引的或将一种杂志或将全部杂志一一编制索引的话,那末此种只每卷有目录之装钉,于参考上当然还是无多大效用。且更有进者,以每种的目录索引而言,各杂志的分类方法,亦各各不同,而大都均各依其内容或性质不同而异。举一例来说:如像《申报月刊》的总目录,他即以评坛、国际、日本与苏俄、法政、社会、财政经济、教育、学术、科学等为类别,而在《东方杂志》,却又以东方论坛、政治、法律、外交、军事、国际关系、国故及考证、地理等为类别。又再如同一题目的材料,在甲杂志中系归入于哲学类者,而乙杂志则因其性质或内容关系,便总归入于学术论著一类。再举一例说:《申报月刊》二卷八期中"世界经济会议休会了"一文,在《申报月刊》,则入"国际"类,但在三卷十六期《东方杂志》中同样的一篇"世界经济会议休会",他却不归入其本有的"国际关系"类中,而却归入于"东方论坛"一类。所以因了这样的缘故,虽各杂志都有目录索引,但是总目录,则依然仍难依据他们的编制而成。至于不用总目录而竟直接向每卷目录中检寻,那末试问要虚耗多少时间,而才能如期的找到。所以这一个方法,也决不是一个适当而便利的方法。所谓拆钉者,就是将每册杂志中各不相关的记载,都一一拆开,然后将其分类装钉的一种方法。譬如像土地一类的文章,则便不论在《东方杂志》、《申报月刊》、《地政月刊》,凡关于这类的文章,则都可将其分类合钉于一册。这一种处理的方法,其特色即在于门类分清,且尤适用于私人参考及小规模的公私图书馆中。但我们据一般从事过此种工作人员的意见,则便可发现下列的几种缺点:第一是不易拆钉,因杂志中每篇的材料,并非都另页排印,这样势必须因二篇材料不能脱离,而难以拆钉;第二就是杂志版式也各各不一,有的是卅二开式,有的是十六开式,所以这一点如也照样装钉,则在形式上,非但有欠整齐,且也缺了美观;第三点即杂志这样的分类装钉,也只可以大类归聚,如土地下之尚须再加分地租、土壤等等的小类,所以拆钉的杂志而仍无一详细的目录,那末仍难达到适切获得其中的材料的目的。因此我们如要获一完善的处理杂志方法,使杂志中所有的材料,在参考时的顷刻中,即能迅速一检而得者,这当然自非应用索引的一方法不可。

索引(Index)就是一称引得,原为拉丁语 indicare 一字的蜕变而来,故其解释便即有"指示"或"指引"的意义。而很有类似于我国古籍中所谓"通检"者是。但此所谓"指示""指引,"亦尚只为索引的一种概念,因其本身自转化为圕学中的术语以来,其定义亦已随其应用领域的扩展,而不得不亦随之变换其定义。我们考原来的索引,本即仅指检查指定范围内的书籍中所有特项知识的一种工具而言。然其后因着社会的进化,各部门的文化也逐渐繁复起来,这样就仅有书籍的传布,便就绝不足以应付此日趋繁复的各部门文化事业,因之报纸杂志等便必然地为社会客观的条件所要求,应运而起。而这些报纸杂志,观其在出版界方面的趋向,非但是并未逊于书籍的重要性,且有超越书籍发展的趋向。现在我们为要证明这个趋向起见,便不妨引用一些数字统计如下:一九二〇年据调查美国每家每月的购读数量,平均约为报纸一种,杂志五种,而书籍则须每三个月而才有一种。又据一九三〇年的调查,美国在是年所出书籍为一〇〇二七种,但杂志却达二一三九八种,两相比较,杂志须增加二分之一以上。又如再以销数来比较,则书籍除了教科书或普通字典外,那也是杂志较诸书籍为广,现即以上海所发行的杂志而言(据一九三二年十二月上海邮局报告),则其数字也决非一般书籍所可比拟,即每期能销至十二万五千册者计有一种,四万左右的计有二种,二万左右的计有九种,六千至一万的计有二十一种,一千至五千的计有七十二种(见廿二年十月十日《大晚报》)。又有人估计中国全国出版的杂志,总数恐已逾千种以上,而上海总数,据上海市通志馆二十二年的调查,已占五分之一,即已有二一五种,这正如《现代杂志》编者的所言,"刊物的发展,是基乎广大读者的要求而来的。"尤其是近年来一般购买力的低落,一册十三四万字的杂志,定价方面则反较二三万字的书籍为廉,且内容方面一元一册的书籍,也并不会较三角一册的杂志充实了多少,所以我们根据了上述的事实,便可知杂志近年如斯的发展,实有其理论的根据,和其事实的证明,绝不是偶然的一回事。

但杂志既有其量的飞跃,易言之,即既较书籍的数量为扩展迅速,那末在质的方面,自亦较书籍繁复得多,而一般参考者欲要利用这一部分的材料,自更较书籍为难于利用,因此杂志亦有索引的编制的必要。查杂志的有索引,似当首推美国的《普尔氏杂志索引》(Pooles index),普氏当其在做图书馆的管理员时,因感于很多的读者向其索杂志中的材料,以作参考之用,于是他便有索引的试作,以便读者,这也可谓是杂志索引的滥觞。而以后杂志有了索引后,于是推至报纸,今也有索引之举。所以今日我们谈起索引的定义,便应该包括此书籍、杂志、报纸三者,而将此定义变为:将每一书籍、杂志或报纸中所论及的人名地名篇目名等……分析而组合,另用一定的方法,使其适得一确切的位置,而便于学术上检查之一重要的工具。至于讲到中国,此索引领域中的三者,大都也已有一部分的编制,如书籍则有燕大引得编纂处,杂志如人文社等,报纸如中山文化教育馆等,故著者叙述至此,也不能不认为中国近年来学术方面已有很大的进展。

然我们须知社会既日在迅速的进化,则杂志索引的未来趋向,自亦非于今日即为止境,其未来的趋向自又必然地在时间上是将缩至每期或每周有一索引编制,在空间上也将扩充至全世界重要杂志的一律都有索引。盖处此二十世纪的时代,一切将因经济的联系,而使各方面的关系,日渐密切,各部门的学术文化,亦必日渐的扩展起来,如果没有这等索引的编制,便可以说不足应付此"日新月异"的时代!

第二章　索引对于杂志的功用

杂志的能得有今日这样发展,其原因不外有下述的四点:一、因为杂志是定期出版的刊物,每期可将最新颖的知识或发明的材料,介绍于读者,而读者间如欲参考一新知识或新发明者,则自必须借助于杂志;因为关于新知识新发明的材料,大都总先见于杂志而然后才能见于书籍之中。二、杂志的内容常因包含许多部门的材料,即使是一种专门的杂志,但内容也决非一个作者的著述,而有多数人的文章;因有多数人的文章,其观点与意见,当然也各不同,这样便富于比较性,并且不至于十分的单调。总之都较阅读一整个系统的书籍为有兴味。三、在书籍中倘尚未有专书,对于某一学说或某一问题有著作时,或以圕尚未有购置关于此一学说或问题的书籍时,那末,这时就不得不借助于杂志,以补其缺。且还有某些小的问题,或限于某一地方的事件,在这点情形之下,则杂志也可发现其甚大的功用。故卡特维亚博士(Gr. O. W. Caldwell)亦常谓吾人临文欲取材得当,不必钻研于书籍,而须留意于杂志报纸中去搜求。这个意见,也大可为上述一点的注解。四、因杂志中的材料,是最能看出某一时代的意识精神及整个社会对于某事某人某物的反映。虽然这在报纸中也同样有此种功用,但杂志材料既经过一番系统的整理,那末于阅读和应用时,自可较报纸为更能显示其优异。还有一点亦可附述者,即在现代这样工业化高度的时代,我们已不能有如古人这样有闲的福气,一生能埋首于古书堆里,从容的读书。现在的时代,一切都成为商品化,都须要有最经济的方法,才能获得应付此全部社会的知识,于是杂志便恰能适应这个"广大读者的要求",因为每篇便是一个问题或一个学识的提要,这样岂不能省读许多整本的书籍?不过话又得说回来,杂志本身的价值,虽已有如上述的种种,但尚不足以言此价值能臻至于应用,故换言之,如要此全部材料能得显现出来,供读者的参考应用,那自必须借助于使用这种材料的工具,即须有杂志的索引。

欲学术文化的进化,那末完善其治学的工具,自是一最重要的前提。语云"工欲善其事,必先利其器",这言当非虚语。所以在这样的浩瀚的书海中,而假如社会不抽出一部分的人才,分工在里面弄成一完备的目录,把其分门别类,这非但足使重要的典籍因之而湮没无闻,且也使治学者根本便不知从何研究起。所以正如其他别的文物制度一样,图书书目的产生,也是具备其必要的条件。一般学者需要有一种工具,可以很经济的去找得其所要参考的材料,于是就有各个不同的书目产生,因为这样才能使每个学者可以获得其所需要的材料,而同时也可因之推进了现代的文化。这样对于书籍既是必须有一完备的目录,那对于杂志报纸,当然也必须有一详尽的索引。杂志装钉拆钉固然不失其亦为处理的方法,但其缺点已很多,有如上述,其根本也仍须借助于每册的详细目录。所以杂志的必须有索引,这和书籍的必须有目录是同一理由的(今日书籍亦非只一目录所能济事,也需要有索引的编制,因不涉本编范围,姑从略)。换言之,杂志索引实是表现被索引杂志内容的唯一工具,同时也是索引对于杂志第一的功用。

索引对于杂志的第二功用,便是利于一般的或专门学者的检查,因为杂志中的材料,其繁复琐细,更甚于书籍,一期杂志中已有若干篇目、若干作者,并且还有长篇的材料,更须继续或间断的刊载于数期之中,所以在此种场合,要是没有一种目录似的工具,去一一使他们系统地排列和络续地归并起来,那也就等于一书的没有目次,一圈的没有书目的一样。所以假使每种杂志有其合钉的固定索引,或分钉式的索引,数十种数百种的杂志有累积式的索引。又如关于某种专门学问,而也有其专门的杂志索引,这样岂不对于检查上,是给于学者们莫大的利便,经济了不少的时间?

索引对于杂志第三的功用,因为杂志中往往有很好的参考材料,或是某一问题,以前或同时已有人研究而得有相当的发见,这样便正可节省精力,不必再重循此途径,或继此精进或另辟门径,以俾于他部门有研究的成绩发现。然而这往往又因了一人的精力和财力关系,便没有这种可能去遍读所有杂志中的参考材料,就是有此可能,如果不随时摘记,则时日久远,也不易将何种杂志何卷何期,能得一一记着。而关于此点,黄炎培和顾颉刚二氏,都有很精到的意见,黄氏在《人文小史》中曾言:"古今中外,专门名家耗其毕生精力于一种学术,苟就所努力,分析计之,则用之于收集材料,审订排比之功,必远超过于智力上之探讨与判断。苟有人焉,取所应用的材料,预为之收集审订,使学人得节其大部分精力,悉用之于本题之研究,必能助成更进一步或数步之贡献。"(见《人文社创始及图书馆筹备改名之经过》)顾氏于《图书评论》一文中亦谓:"因此我常想藉国家的力量,暂且不办学术研究所,而先办材料整理所,把现有的材料,作上目录统计图表仪器模型等等,为将来的研究打好一个坚实的基础,倘使真能达到这境地,我的工夫必可省去三分之二,因为下手即可做直接的研究工作,不必再做间接的预备工作了。"(见《图书评论》一卷九期《燕大引得编纂处的引得》一文中)同时即以杂志本身而论,因没有索引以致湮没许多价值的名著,及其苦心的研究,也决不为少数。所以这里便又不能不借助于有索引的编制,盖杂志索引的产生,其最初的动机,就在于体认到学者所感受的困难,而为节省学者的大部分精力,以便其能应用到直接的研究工作上去。

此外杂志索引还有第四的功用,就是他对于学术文化上,也有一种重大的影响。因为有的人每以为杂志索引，那是一种很平凡的工作，其实这是根本不知"千里之行，始于足下；九成之台，起于累土"的一层意义，盖必须有了这样平凡的工作，而才能达到那不平凡的领域里去。因此我们当知索引的一事，在表面上看来，似是一件不必重视的工作，然而其于学术文化上，实有其不可磨灭的功用呢！很闻名的荷兰汉学研究院长戴闻达博士曾说过："可惜中国书无系统之可寻，查阅颇非易易。"又我国人士往往也有一句很通俗的话，即"一部廿四史，不知从何说起"。这也可见一部廿四史因为没有索引这东西，便弄得"无从说起"。那末这近代更趋繁复的杂志等读物，当然更将无从谈起了。查我国的杂志索引，尚是近数年以来，始见有突跃的进步，当然因了历史的浅短，有许多地方尚待改进，譬如专门索引的缺乏系统，普通索引而仍没有一完备的累积式的索引。又关于西文的有关中国的材料，今日也没有一种介绍的索引。不过这些任务，都不难为今后有思想的青年和学术界的人们所一一克服，故这一点也不致成为问题。

　　杂志索引对于中国的学术文化上，除了上述的一点外，却还有其特殊的意义，我们都知道今日的中国，已处于一突变阶段的时代中，一切都须扩大眼光，缜密思想，以认识此日新月异的世界，而俾有所准备。当然这于学术上亦应尽量来接受或研究新的一切知识或发明。在现阶段的中国，对于这些旧的文化，我们实无须再有如何的迷恋，因为这些古代的学术，已和现代文化相去得很远很远。其中所讲到的东西，大都已不能再在此剧变的现代来应用，这只有使人去躲避现实。然而根本上现实的世界是否能躲避呢？一切当前的问题，又怎能不去解决呢？所以现代我们所需要的，便正是那种能介绍世界上最新学术文化的如杂志等的读物，并且这也不仅是一般读书有限的青年是应该如此，就是专研文学和过去社会制度与历史的学者们，著者以为他们应当来对此事，作一利害缓急的抉择。

同样的对于索引亦然，我们与其专为这些供给不合需要或劳而无用的古籍索引，则何如集中于杂志索引。顾颉刚氏有言："如果因大家的注意，有许多人起来响应，不但把古书弄清楚，而且把新书也弄清楚，不但把书籍弄清楚，而且把政府和社会各机关的公文表册报纸杂志也弄清楚，那才算尽了引得的功能。"然著者以为今日引得最大的功能，还以为先将杂志索引，臻至其完善的地步，然后才能谈到古书的索引。因为杂志报纸的材料，都是近代的与我们有密切关系的史料，不论政治、经济、文艺……都得和其发生直接的影响，但正因接近于我们的现实生活，材料就得繁复累积起来，这样要在里面能找一有头绪的所需要的材料，自然是不能不借杂志索引来负荷此种重大的任务。

第三章　杂志索引的类别

　　杂志索引的种类,如把他在形式上分起来,那大概只有固定的杂志索引一种,而里面,则可分为合钉的、分钉的和累积的三种索引。所谓合订的固定杂志索引,就是在一种杂志每卷刊齐后,附印此一卷的索引于卷内,这种索引是最普通,中国各大杂志,大都均有此种索引。不过如以前的《现代评论》,有标题索引之外再有著者索引。那今日在各大杂志中只有北平出版的《独立评论》,也有二种索引——标题及著者索引。还有这种索引,有时也可不附在一卷最后的一期而单印附送者,如上海的《银行周报》,即是一例。所谓分钉式的杂志索引,就是其年限不定,为每卷杂志没有合钉的索引而编制的。所谓累积式的杂志索引,就是逐期将索引累积而成,所以其在杂志索引的功用方面,也最为重大,如像《杂志文章读者指南》(Readers' guide to periodical literature)等的索引,便属于此类。

　　而以上的分类系从其形式而分,如再以其内容来分别,则便又可分为普通的杂志索引,和专门的杂志索引二种,而专门的一种中,再可分一种杂志索引和一类题目索引的二种。所谓普通的杂志索引,像我国的《人文》、《期刊索引》等杂志便是,因其内容并不限于一种杂志及一种题目的索引。所谓专门的杂志索引,是以一种杂志为单位的索引,如合钉的索引和分钉的索引,即属此例;以一种题目为单位的索引,像农业论文,教育论文索引等等都是。现

再为一般读者更明晰起见,特再列一表如下:

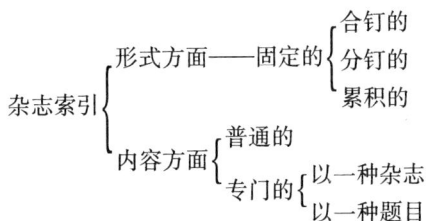

```
                                        ┌ 合钉的
                    形式方面——固定的 ┤ 分钉的
                   ┌                    └ 累积的
        杂志索引 ┤
                   └                  ┌ 普通的
                    内容方面 ┤          ┌ 以一种杂志
                            └ 专门的 ┤
                                      └ 以一种题目
```

　　兹更乘这论述索引类别的时候,我们又可依其内容的类别来略介绍几种重要的外国杂志索引于下(据钱亚新《杂志和索引》):

一、普通的杂志索引

名称	内容说明
普尔氏杂志索引（Poole's index to periodical literature）	此索引现在虽已停刊,但因其历史占至一○五年之久,所索引的杂志,达四七○种,故仍可算得一个很重要的杂志索引。
杂志文章读者指南（Reader's guide to periodical literatute）	此索引最初所索引的杂志,仅有十五种,今则已加至二百余种,其累积本至一九三三年亦已出至九大卷,这是现代最新累积式的杂志索引之一。

二、专门的杂志索引

伦敦皇家学会科学目录（Royal Society of London. Catalague of Scieutfic paper）	这是一个十九世纪关于科学的重要索引,所索引的各国杂志达一五五五种。
中国纪录索引（Index to the Chinese Recorder）	这是一个分钉式的索引,其出版时间达五十二年。
国际索引（International index to periodieal）	这是专选录国际间有名杂志中关于文学和科学两类文字的,亦为累积式的一种索引。

工艺索引（Industrjal arts Index）	这是一个关于工程和商业杂志类名的索引,系一九一三年刊行。
现代医学文章季刊累积索引（Quarterly cumnlative index to Current Medical literature）	这是包含三百种左右的医学杂志和学会刊物的一种专门索引,系芝加哥医学协会所刊行。
农业索引（Agricultural index）	此也是一关于农业论文的一种累积式的杂志索引,计收杂志达一二〇余种。
劳动杂志索引（Index to Labor periodicals）	此索引由纽约社会科学兰德学校劳动调查部所编制,每月出版。

以上是关于国外的一部分杂志索引,而我国年来关于杂志索引,自十七年中华圕协会开始动议以后,于是各方也很有竭力推进的趋向。不过最初虽为各方推进,但多限于一门,如国学论文政治论文等,至于综合各部门而编全部的普通杂志索引,实是从《人文月刊》开始的。这适和外国相反,外国是先有普通的索引(《普氏索引》)然后乃有各种分类的专门索引;我国则先有专门的索引如教育论文(民国元年)国学论文(民国十八年)而然后乃有如《人文月刊》这样普通的杂志索引产生(民国十九年)。现在依着内容的类别,来略介绍数种国内的杂志索引于下:

一、普通的杂志索引

名称	内容说明
最近杂志要目索引	此索引系每月附于人文月刊所发行,亦为国内最早的普通杂志索引。
期刊索引（月报）	此索引系为中山文化教育馆所编行,其内容分题目、著者、标题三种,而采混合排列。其初每月与日报索引合并发行,现在则单独出版。
主要中国杂志新闻记事索引	此为日人所编,系上海东亚同文书院,不定期附于"支那研究"发行。

| 杂志论文分类摘要 | 此为附于今已停刊的图书评论,为一种杂志内容提要的索引。 |

二、专门的杂志索引

中国图书馆学术文字索引	系孔敏中所辑,载中华图书馆协会会报四卷三期。
图书馆学及论文索引	系徐念轩所辑,载民众教育月刊民众圖专号。

——以上属圖学类索引

| 中国新闻学书籍论文目录 | 此索引分中西文两种,系刊于读书月刊一卷10期。 |

——以上属新闻学类索引

国学论文索引	初编系王重民所辑,续编系徐绪昌所辑,今二编均有单行本出版,同为北平图书馆所发行。
甲骨文论著目录	系董作宾所辑,载读书月刊二卷七期。

——以上属中国学术类索引

中外社会科学论著索引	系马文元所辑,每月附中国出版月刊发行。
外国社会学杂志最近要目介绍	系刘渠所辑,刊社会学刊二卷一期。
美国社会学杂志最近要目介绍	同上,刊社会学刊二卷二期。
政治学报指南	此索引系北平清华大学清华政治研究会所编行。

——以上属社会政治类索引

中外杂志关于东方重要论文目录	此索引刊于国立北平圖馆刊五卷一期、四期。
一九二九年日本史学家对于中国研究之论文一瞥	系黄孝可所辑,刊于燕京学报八期。
中东事件论文索引	系杜定友所辑,有油印本。
中日问题论文索引	系刘华锦所辑,刊学风二卷四—六期。

研究日本与东北问题杂志报纸索引介绍	系俞家齐所辑,刊民众教育月刊三卷一〇期。
<td colspan="2" align="right">——以上属远东问题类索引</td>
每周重要书报目录索引	此索引系为上海中国银行经济研究室所编辑,每周与报纸索引合并发行。
书报资料索引	分中文日文西文三种,系实业部国际贸易局圈所辑,专收关于经济财政等论文索引,有油印本,每旬出版。
主要刊物有关统计资料索引	系南京国民政府主计处统计局所辑,每月附于统计月报发行。
杂志经济学要目索引	此索引系每月附商业月刊发行,今亦随月刊同时停刊。
<td colspan="2" align="right">——以上属经济统计类索引</td>
教育论文提要索引	此索引自民元至民十八年系广州中大编辑,有增订本出版。十九年起由中华教育界社编辑,每月附于中华教育界刊行。
教育论文索引	此为清华教育社所编。
中国教育指南	此为舒新城所辑。
关于日本教育的论文索引	系彭仁山所辑,刊教育研究三二号。
最近英美日主要教育杂志要目一览	系教育杂志社所辑,载教育杂志二一卷一〇期起。
世界著名教育杂志摘要	从教育杂志二十五卷一号起刊。
民国二十三年五月日本教育杂志所载论文总览	刊教育杂志复刊号。
关于儿童公民训练参考论文索引	系尧君所辑,刊中国出版月刊二卷二一三期。
国防教育论文索引	系储志等辑,载浙江教育行政周刊五卷二七一九期。

乡村教育索引	（一）十六年四月中华教育界有金海观所辑，乡村教育之参考书籍及论文索引；（二）十六年九月上海中学乡村师范有乡村教育参考书籍及论文索引。
民众教育参考书籍及论文索引	系冰心所辑，载于民众教育月刊三卷一期。
民众教育人材训练论文索引	系黄裳所辑，刊民众教育通信二卷三期。
一月来民教文籍及撷要索引	系每月附民众教育通信发行，为镇江民教馆编辑。
最近一年（二十年）来民众教育论文索引	系陈大白等所辑，刊于教育与民众三卷五—七期。
一月民众教育论文分类索引	每月附教育与民众所发行。
——以上属教育类索引	
文学论文索引	此索引初续编均有单行本出版，系张新虞等所辑，由北平图书馆所发行。
——以上属文学类索引	
二十年来中算史论文目录	系李俨所辑，刊于国立北平圕馆刊六卷二期。
李俨所著中算史论文目录	系刊于科学一五卷六期。
——以上属自然科学类索引	
介绍关于交通会计之论文	系张仲清所辑，刊交通杂志二卷一期。
——以上属交通会计类索引	
农业论文索引	此系南京金大农业图书研究部所辑，内容分中西两部，达四万余目，有单行本为南京金大图书馆出版 。
——以上属农业类索引	
关于爱迪生之书籍论文目录	刊于读书月刊一卷四期。
徐志摩著述索引	刊于读书月刊一卷三期。
——以上属于个人著作索引	
关于北平之西文书籍论文目录	刊于读书月刊一卷八期。
——以上属于某一地理研究索引	

史地社会论文摘要	此系由上海大夏大学史地社会学研究室所主编,每月刊行一册,乃继已停刊之"图书评论"摘要栏而起的一种提要的索引。
中国地学论文索引	系王庸等编,国立北平图书馆出版。
英国皇家地理学会月刊所载中国地理论文目录	系朱起凤所辑译,刊地理杂志四卷一期。
最近英美著名地理杂志要目索引	同上,刊地理杂志四卷三期。
美国国家地理学会月刊所载中国地理论文目录	系朱起凤所辑译,刊地理杂志四卷二期。
一百六十九期地学杂志总目	系聂崇歧辑,载地学杂志第二号

——以上属地理类索引

关于各杂志索引,以上仅略就著者所知者拉杂于此,挂一漏万,自所难免,且其中尚有数种均为征引自他处,故其中或许有征引错误,则至盼读者间能有以函告著者,于再版时更正。其中关于中国方面,我们如从量的方面,似已见到中国学术界甚大的努力,不过所缺者,在普通的索引中,至今尚没有一完善的累积式的杂志索引出版。这不仅于检查上是感到莫大的不便,且对于那些误期出版而未收入和杂志或有错误的地方,都没有一补入与订正的机会。并且在专门的索引中,总感到这些索引不是因陋就简,多所残缺,即是失之于范围太杂,毫无选择。所以凡此种种,我们都认为还须由一般有思想的青年和学术界的人们,再予以更大的努力才行。

第四章　如何去处理杂志索引
——选目与登录

如何去处理杂志索引,关于他的各项步骤和方法,现在可以先将其中的选目与登录两项,来分述如左:

一、选目　选目就是在开始选题的时候要择何者材料要索引,并选定各目录所定字样的一种的工作,这也可以说是索引实践工作的第一步骤。其方法:将所要索引的目录等,先决定为何种字样之后,然后即在这些目录的下面划上一个颜色的横线,或即在其上面标一斜角的记号。至于那一种材料是应该选入的,而那一种材料是应该废弃的,这首先就要由从事这项工作的人,视其应用与参考方面的是否适当以为断。因为我们在索引的本身上,当然是须要求其详尽无遗,但在某种的限度之下,却也有加以相当选择的必要。换言之,亦即一方是固不能只凭主观的意义以定取舍的标准,而一方却也不能集糟糠玉帛在一处,一味毫无抉择的乱选。

这便是选目的一般原则,兹再将选目的时候,要注意的几点分述于下:选目第一要注意到参考者的地位与需要。做索引的目的,并不在于索引的本身,而却完全在于参考方面的价值。所以譬如现在我国有的地方,便似乎有这种"为索引而索引"的现象,完全并不以参考者的地位与需要为对象,这实在又是一个学术上的浪费。选目第二要注意的,就是选定各目录的字样,须能将其中的内容能得有具体显现的意义,对于所定的字样,非简单而清晰不可。

而所谓简单,当然即指其意义的单一;所谓清晰,即指其对象的能明晰。例如《长城半月刊》一卷十二期齐物先生:"起来创造你们自己的世界"一文,其内容系讲第四次世界童子军大会的。所以凡遇到此种篇名时,那就不妨给他另行改易一适当的篇名代之。不过此种改易,大都也只能限于非文学的政治经济教育等类,而可以代易篇名,以使之能合具体显现的意义。至于如文学中的小说诗歌等篇名,那便必须一字不改的给他索引,因凡这种小说诗歌,在一篇名的后面,有添注小说诗歌等的字样。选目第三要注意的,就是一篇材料如遇有两种或两种以上的类名可归属时,或两种类别如同属于重要时,这在选目时就不妨先择其重要次要的,做一取舍的抉择,而再应用到"见"或"参见"的种种方法。又选目第四点要注意的是:选择人名地名时,当以其首字为登录字,而遇到别号或假名时,如果别号或假名,有时反较其真姓名为普遍,那就可将其别号等的首字为登录字。在地名方面当然亦可如此,如遇到非现时通用的,则也不妨选择一通用的,而再另用参见等法来补救。又外国人名如仅知其原名而一时不易得其译名者,这便须将其原名另做一原著者目录,这在杂志索引中,是很易遇到的。又杂志名称在选目时,亦须以简单明晰为标准,如《东方杂志》等,则杂志二字在登录时,也可省略,只须另列一"杂志简明表"便可。

二、登录　索引经选目以后,于是便可开始将各目录录入空白的卡片,而即着手于登录。关于各目录的种类,现可分为类名目录、著者目录、译者目录、"见"目录和"参见"目录这几种,而每一种目录的字样,那大致就是登录篇名、著者或译者、杂志名、卷、期、页和年月日等等。至于其登录的地位,那是可因了以上目录种类的不一,而亦各异其地位的。现在把各种的目录卡片,介绍数种如下:

语	言学	
	大众语认识问题提纲　柳　湜	
	长城Ⅰ:16;304—5,16 Ⅷ 23。	
	○	

1.类名目录　这是一种以类名为主而成的目录,其中类名字样的地位,即在开始的第一行,行格系于第一红直线起,字色则用深色(用浅色以标子目),上附一目录的式样,便是一很好的类名目录。现可再将里面其余的各目录字样简单的解释一下,第二行的"大众语认识问题提纲",这便是篇名,其地位大概都在类名或著者的下一行,行格则从第二红直线起,字色用浅色。"柳湜"是著者的姓名,此在类名目录或译者目录中,便空一格而接于篇名之后,字色在这里则用浅色。"长城"是杂志的名称《长城半月刊》的省略,都空一格接在著者篇名等字样之后。"Ⅰ"这便是杂志的卷数,以罗马字记号为别,地位则空一格接在杂志名的后面。"16"这是期数,用阿拉伯深色字为记号,其地位如接在杂志名后,则空一格;如接在卷数后面,便须以":"的记号为别。"304—5"这是页数,即为三〇四页至三〇五页的意义,这在每期内各篇文章,如各自开始的,那这页数便可省略。而在每期页数自一开始连续而下的,那可以用头尾记页法以登录之。用阿拉伯的浅色字,行格则用":"的记号为别,其地位大都在于期数和页数之间。"16 Ⅷ 23"这是年、月、日的三种记号,浅色的"16"是代表"十六日"之记号,空一格接于页数或卷数的后面;罗马浅色字的"Ⅷ",这是代表"八

月"的记号,紧接在日期之后;阿拉伯浅色字的"23",是表示"二十三年"的一个记号,其地位亦接在月期的后面。

(2)

	柳	湜	
	大众语认识问题提纲　长城　Ⅰ:16		
	:304—5,16 Ⅷ 23。		
		○	

2. 著者目录　这是以著者姓名为主做成的一种目录,其地位在这里,也在第一行,行格也由第一红直线起,字色则用深色,其第二行各目录字样,因已同"类名目录"中,故这里便也不再多赘。

(3)

	张	乃强　译	
	苏联第二五年计划之航空化　扎尔扎夫		
	申报月刊Ⅲ:5:61—5,15 Ⅴ 23。		
		○	

3. 译者目录　这是以译者的姓名为主做成的一种目录。这在译者名后须再加一"译"字的字样,在译者和"译"字之间,空去一

格,字色用深色。其译者的地位,则在著者目录中,便即据于篇名之后。在类名目录中,可以接于原著者的后面,而行格则在篇名或原著者的后面,亦从第一红直线起。余第二行各字样,亦可参见(1)式中各项的说明。

(4)

	沈	雁冰　见　茅盾
		○

4.“见”目录　“见”目录,是由索引中关于某篇名不用的目录去参见用的目录。这大都应用于别字假名等的场合,而查得其真姓名后,即将其假名等作一“见”目录,但有时其假名等,反较其真姓为普遍时,则用其假名,而反将其真姓名作“见”目录也可。

(5)

	唯	物史观　参见　唯物辩证法
		○

5."参见"目录　参见目录是索引中两个同用的目录,互相参见的一种目录。其地位大概都列于两个类名之间,行格则前后各空一格。

第五章　如何去处理杂志索引
——编序与校对

上章既把索引中的选目与登录两项，叙述明了后，现在便可接讲其编序与校对。

一、编序　自选目以至一一成为目录的卡片后，于是这样便可达到编序的步骤。编序的第一步，先将同目录的卡片一一集合，另用一目录片，把他抄下，而后将他们不同的卷数期数等依次录去，这因为在杂志中，常有一篇文章继续刊载于数期内的，那末如要将其全部索引出来，这样就非另制一全文索引的目录片不可。编序的第二步，将同类名或同篇目著者的目录卡，再加以一种适当的排列，我们现在归纳着种种的排列方法，是可得下述的五种。而这一步工作完成后，如不预备将其编印累积式的杂志索引者，便可将其排入目录柜内，而可应用：

1.字顺法（以排字符号排列）这即是依据各目录的字顺而排列的一法。

2.历年法（以年代先后排列）这是依年代先后排列的一法。

3.分类法（以分类的关系排列）这是以分类的关系去排列同目录的一法。

4.轻重法（以材料的轻重排列）这是将许多目录中权其轻重而排列其先后的一法。

5.先后法（以卷数页数等的先后排列）这是完全以各目录在

杂志中论及的次第排列的一法

编序的第三步，是一种检版的手续。这一种手续，完全以预备印刷累积式的杂志索引时才应用得到，因为索引的目录里面，是常有许多登录字或类名是相同的，所以为了在印刷上经济美观起见，便不得不应用这种省略的方法，这种方法，现在可以举要的分述数则如下：

1.凡刊印累积式的索引，大概均采一种混合排列的方法，把类名篇名著者各目录，照字顺法混合排列，其首字以笔划的多寡而定其先后，同首字或同划数的，那末再另按一种检字法排列之。

2.凡同类名同篇名同著者的目录，那只须取其一目，其余各目录，则都可从略。详如下表：

（甲）同类名的目录，其余类名即从略，篇名另行起，缩低一格排印。

（乙）同篇名的目录，其余篇名即从略，著者另行起，缩低一格排印。

（丙）同著者的目录，其余著者即从略，篇名另行起，缩低一格排印。

3.凡遇原名的篇名或著者等目录时，那关于篇名，可排于中文篇名的后面，其顺序便以其原文字母的先后为准；而关于著者，或另行排列，或亦可照其正楷的笔划，依次列入，如 A 为三划，S 即为一划是。

4.凡"参见"与"见"的各目录排列，则类名即照类名的次序排列，篇名即照篇名的次序排列，著者亦即照著者的次序排列。

5.凡其他以符号为代表的，如卷期、页数、年月日等等的字样，则仍如目录卡中照式排印，亦接排于杂志名等的后面。

二、校对　关于校对这一项工作，也可以说是最后的一步工作，其中可分三个步骤来说：

第一步即为起草目录卡的校对，这时候的校对，大概首先须要

70

注意的,就是登录地位的有无错误,和前后卷数期数等,是否都有一一的登录? 其次再要注意的,就是如果这索引的起草,是出于另一个人的话,那还须由起草这索引的人员校对一过才是。而最后应该注意到的,"参见"和"见"的各目录卡,是否都一一如序的插入,这尤为校对中最须注意的一点。

第二步即为正式目录卡的校对,这时候的校对,因须付印或供诸应用,所以就得较第一步的校对,更要精细一些,其校对方法,兹亦可分列三点如下:

1. 排列方面　须将各目录的排列以及正副索引等卡片,有否排错或有否划清,而须将其一一校对,如有发见错误,便得随时校正之。

2. "参见"方面　须将一个目录的有未参见于双方,以及参见的字样有否合乎"参见"的原则? 这样也须给他细细的校对。如有缺少,便应马上补入。

3. "见"的方面　"见"与"参见"是略有不同的地方,即"见"是为某一不用的目录去"见"一用的目录;而"参见"者,则为索引中两个都用的目录互相参见的意义。关于"见"的校对,是须去检查属于不用下的各目录,是否都见于用的各目录之下即是。如有未妥的场合,当然亦即应设法改正。

第三步是印就累积式的杂志索引后的校对,这也可分为下列的三种步骤:一是将印就的索引与原稿卡片的校对;二是将卷首的总目录,校对其页数有否印错? 有否遗漏? 亦即为目录与本书的一种校对;三是最后把指引页的插入后的校对,指引页亦犹诸卡片中的指引卡(这在卡片中亦同样用到),其大小亦适和本书面积一般的大小,不过在一面须裁作梯级形,以便翻检,如能用有色纸者,当然是更能醒目。而在校对时,即须注意其指引的有否符合以及插入的地位有否错误的数事。因为这一种指引页的功用,对于一般翻查者,是会有很大的助力的。

最后须为读者一述的,就是本编中主要虽是专讲着杂志的怎样索引的方法,但其中却于装钉方面亦有相当的述及。再又于管理方面的种种,因有许多都和书籍类同,又譬如如杂志登录卡等,都已在书籍编中连带述及,为免去一书有两材的重复起见,所以在这里便不再介绍,希望读者们能循序而读,千勿择章另阅才好。

第三编　报　纸

第一章　报纸的保存

一般人对于报纸的观念,普通都只知其为新消息的报告,和公众舆论的制造二端,而不知他还有一绝大的价值,就是在参考的工作上,亦有很重要的地位。因为报纸逐日出版,即在逐日供给史料和各地重要的有参考性的,以及有若干为一般书籍中所不屑纪载的资料,而年代久远的报纸,便又可在里面察知此时代思想的潮流或此时代的种种风尚来。所以便有人认报纸是一种"活页的历史"于此也可见报纸的价值的一斑。

我们对于有许多学术机关和学者私人间所定阅的报纸,往往在阅过了以后,便随意乱弃,或包裹另物,而不知利用这重要的参考材料,这实在是一件很可惋惜的事情。因为我们既知报纸为"活页的历史",有其永久参考性的价值,那末我们当然应该讲求怎样去保存报纸。不过说到保存这样包罗万象,纪载庞杂的报纸,而不去下一番整理和选择的工作,像今日一般图书馆的只知逐月装钉逐年死藏起来,这种决不是我们的所谓保存方法,因为像这样保存的方法,于应用上贮藏上都须感到莫大的困难,换言之,这样的保存,也等于置诸地下和随意乱弃没有保存的那种一样。所以我们竟可把这种保存方法抛弃而不谈。

因为报纸的材料,较诸杂志尤为繁复而没有系统到百倍千倍,现在杂志人人尚都莫不知道利用索引的重要,那末像这样繁复而没有系统的报纸材料,当然更因各人的目的不同而发生未必都为篇篇所需要的东西,所以必须要在保存的上面,再加以一种整理和选择的工作,换言之,亦即是《申报》老读者的王君访问怎样整理报纸的工作。然而这种工作须应用那一种的工具来完成呢? 在今日那就大致不出于下列的两种:第一种为索引,第二种为剪材。这两种莫不都是适应上述工作的一种工具。这二种功用的共通点,都在于既可节省时间可免去翻检一项的麻烦工作,同时又可把报纸中所有的精粹为之剪留。盖报纸这项东西,非但是纪载浩繁,并且又是累积无穷,若欲查考一人或一事件者,最先便非忆其年月日不可,但是如若年代久远,而日期遗忘者,那便就等于失去其参考的价值。至于说到逐一检查的方法,那不要说其中虚耗的时间为不可胜算,且在事实上也为一不可能的办法。所以要免去这一项麻烦的工作,自非借重于这任何一种的工作不可,即不是索引,便是剪材。

一、索引　报纸索引至今已成为事实者,在国内也已有多处,远如十四年的《时报索引》,近如中山文化教育馆及中国银行经济研究室,也都有报纸索引之举,上海市通志馆闻近年也有关于六十年来上海部分的《申报索引》。如再将此种索引的种类一为分析,则也规模略具,如《时报索引》,便是一种以报纸为本位的索引,中山文化教育馆的《日报索引》和其他的两者,那又大都是以人事为单元的一种索引(关于此点在第三章中,我们尚须讲到)。

二、剪材　报纸剪材的简单意义,不外将一人一事之纪载,散见于报纸中的去分门别类剪而汇集,以供参考检用的一种工具。言其特色,可分为下述的五项:

1. 可以省时间,把富于繁复的材料,使分类罗列于一处,令人于短时间内,便能一览而知。

2. 可以得要领,各事分类编列,莫不都依时日的先后为序,如此,我们即不读其内容,而于一事件的起讫及其前后的关联,已不难窥得其要领。

3.可以得保存的便利,报纸剪材,一方是保存了报纸,而一方却又得了贮藏上的便利。

4.可给事实本原的考查,报纸的纪载或断或续,或散见数处,又或绵延数月。今有剪材的分类汇集,那岂不是既有系统,尤便考查。

5.可得精粹的材料,这不啻已经过一编辑的手续,将所有的精粹为之整理及显现的一般。

报纸剪材既有这许多的特色,所以欧美各国的报馆及各学术机关,如美国《世界报》(World),《巴黎晨报》(Le Matin),苏联《伊士威斯吉亚报》(Izvestia)等等,莫不都有此种剪报部的设备。并且这种剪报部,很多并非系为图书馆的一部者,即以《伊士威斯吉亚报》言,其剪报部占编辑部下十大部之一,而和图书部所并列。该报所载的纪事的最大来源,除苏联通讯社及国内各地的通信外,其次便要轮到这剪报部(见曹谷冰《苏联视察记》)。又如我国中央社会科学研究所,最近也有剪报部的设立,每日分类剪贴中外报纸二十种,闻应用这种报材的结果,业已有好多关于农村经济的重要著述发刊。大夏大学教育馆,从民国十三年起迄今,也曾将国内十余种著名日报之教育或和教育有关的社会经济材料,逐日剪存。闻其成绩,亦已达十余万页之多。并且此种剪报的工作,也不仅是报馆或学术机关等才有,即在一般的私人方面,也固多有此小规模的剪报工作,现在我们可以举一个人来说,前美国总统胡佛氏,他就每天令其秘书将每天报纸中的重要材料,代为剪存,以为其不时的需用。即此一例,可见剪报的这一项工作,是具有怎样深切的意义!

日本的报馆,也莫不视剪报部与图书馆为并重。日本对于剪报,其名曰切拔,并已有兼以此为营业者,名曰切拔通信社。在二十年间,我国上海亦有观海月刊《时事分类编集月刊》的发行。而杭州听说也有这种剪报社的组织,其所揭示的旨趣,大致以为:

"清末沪上,虽有选报之发起,然采择不出文艺之外,范围狭而效力微,近百年来,报纸发达,报价昂贵,览者不易举其全而汇其通,故有剪报社之组织。"(见《大公报》二十年五月廿一日孟华秾君文中所引)于此我们也还可知道我国在清末,已有类于这种剪报的举行。又最近上海有"时事汇报"的出版,盖亦应此种剪报需要而产生的一种刊物。

如上所述,可见报纸剪材,自有其重要的理论以及各国所以重视的理由,我国一切设备无不落后,此种工作,当也未能有所例外。故著者敢不揣浅陋,特再另辟"报纸"一编详述之。

第二章　报纸索引与报纸剪材的差异性

现在没有说到这二者的功用以前,不妨先将此二者的名称一为分别,什么叫做报纸索引呢? 简单言之,就是将每一标题分门别类编就索引,使参考者能得于短时间内而即能利用此一种历史的工具。报纸剪材者,已如上述,是将一人或一事件的纪载之散见于各报中者,一一剪下黏贴于簿册,综合分类而汇集后,以供参考检用的一种工具。故其间最大的差异,就在一者是完全保存原报而只摘录其目录,而由此目录以利用此材料者,而另一者却是将报纸中重要或有参考性者,一一剪下而分类汇集于一处,以供参考者能直接使用该项材料者。

此二者的名称,既已说明,便可再进而研究其功用等等,查报纸索引与报纸剪材,在功用方面,可谓并没有怎样差异的可言,因为他们同样是一种利用报纸的一种工具,在索引中所具的几点功用,在剪材中固依然存在,不过在剪材中所具的几点功用,索引者也可以找到。然而索引与剪材的差异性究在那里呢? 著者认为可从三方面来说。

一、现在先从工作方面来说,索引的工作是繁重而艰难,大概都非普通的报馆学术机关或私人所能举办;反之剪材却较为轻易,故常为一般机关或私人间所易于采用。这可以说是剪材与索引差异的第一点。

二、现在再在应用方面来说,我们当知报纸索引仅由一目录就可以检得所要的材料在钉好的日报中。这事于时间于精力,固然是减省不少,然而不知在应用的时候,那末还不如检查剪下来的材料为利便多多,贴报的簿册(或封套或纸片),纵横亦不过数时,非仅携带便利,并且在参考某一类材料时,也早已将此类材料汇集于一处,因之可免翻检之劳。所以较诸索引某一材料而须至数处甚至数十处始能检得者,其于应用的时间上与精力上,当然不可同日而语。这也可以说剪材与索引第二的差异。

三、现在更从保存方面来说,报纸索引最大的优异之点,是在于材料的万无遗失,缘报纸剪材,无论剪至如何细密,总难免不缺,这一点,我们实无庸讳言索引是优于剪材的。但我们在此也须一述的,就是报纸索引所索引的材料,并不是真的一些不漏而都为之索引的,他也只择重要或有参考性者为之索引,其所选择的标准,固与剪报的标准略同,所以其中所未经索引的材料,实在也可说就等于剪材中所废去的相同。且报纸索引设如年代久远,报纸亦随之累积递增,在保存方面,立刻即成为一个很难解决的问题,这又可以说是剪材与索引第三的差异。

综上所述,索引与剪材的在功用方面,虽无什么差异性可言,但在工作方面,应用方面,以及保存方面,便各有其优劣的差异,在今日我们虽不能即肯定究属何者为优何者为劣,且亦非本书所欲谈者,但我们如从轻易而经济的一点上比较观之,则剪材较索引为轻易而经济了。因此著者在下文三章中将专讲关于剪材的方法,且关于索引的方法方面,在本书"杂志编"中,著者亦有相当的介绍,其索引的对象虽一为杂志一为报纸,但其原理则并无不同,所以如欲研究报纸索引的,不妨参考第二编。

第三章　我们怎样去剪裁报纸？

怎样去剪报纸,其第一步著者认为首先须要认识剪的范围,和剪的标准。兹先言剪的范围,剪的范围,可以分为二种:一种是以报纸为本位的,而一种是以关于某人或某事件的材料为一单元的。而以报纸为本位者,又可分为一种报纸和多种报纸的二种;以关于某人或某事件的材料为单元者,也可分为不限一种材料一种报纸和只以一种材料不限一种报纸的二种。现可列表如下:

$$
\text{剪的范围}\begin{cases}\text{以报纸为本位的}\begin{cases}\text{以一种报纸}\\\text{以多种报纸}\end{cases}\\\text{以人事为单元的}\begin{cases}\text{以不限一种材料一种报纸}\\\text{以只以一种材料而不限一种报纸}\end{cases}\end{cases}
$$

看了上表,我们虽然可以在它的范围内,已可得一概念,然尚有若干的事项,须再为说明一下,关于第一种的所谓以报纸为本位的,这就是说凡所选取的材料,均只限于以报纸为根据的一种。所以如像人文社(现改为鸿英图书馆筹备处)的剪材,他们除以报纸为根据的取材外,而其他还时录专书以及杂志论文目以广参考者,这在严格的讲来,便不能称做为以报纸为本位的剪材,而或可归入于第二种的范围——即以人事为单元的一种。又第一种中的所谓一种报纸与多种报纸的分别,这在事实上亦大都以多种报纸者为多数。这原因报纸中关于材料与时间,在大规模的几种报纸上,虽常无多大的出入,但其他如通信及各种论著等材料,却是各各不同,且即于通信等的方面,亦有详略关系,和歪曲真实与否等等的差异,因各报固有各报的特长与背景,如《大公报》即特长于评论以及关于华北一切的纪载,隐隐中而有执华北舆论界的权威,如《时事新报》便又以详于国际新闻见称于时。所以从多种报纸中经过一番筛滤出来的材料,这自较以一报为单位的剪材为善。

至于以某人或某事件的材料为单元的剪材,这倒很有些差别的可言,报纸的材料,是包罗万象,各科俱备,在一般的报馆和学术机关中,当然大都是从普遍的剪取,换言之,就是把关于一切纪载有重要性或有永久参考价值者,都应剪裁,但这在专门机关尤其是私人间的剪材,则当然便不能与之相同,且也无此相同的需要,他们自必须因参考者的地位与目的不同的差别,而亦各异其所取材之点。我们举一实例来说吧,譬如你是研究经济学的,那末你所选取的材料,当然大半是关于经济的材料,其他即虽亦有所取录,但这也大都是和此相关联的如政治社会等类的纪载。又譬如你是研究教育的,那末你于有关教育的一切电讯、通信、论著等的材料,当然是要特别注重一些。所以换句话说,其间虽同样是以某人或某事件为单元的剪材,然其间普遍的剪材,与专门的剪材,却是有很大的不同。而所谓普通的剪材者,即不限于一种报纸和一种材料的剪集,其意义当然适与专门的剪材——即只以一种材料而不限一种报纸的剪材相反。我们现在所要介绍的,当然是只限于普遍的一种,因为专门的剪材,非但是不适宜于这里来一一叙述它,且亦因科目繁复,涉及分类学上的问题颇多,故又决非本书中所应尽的任务。

现在再应谈到剪材的标准,剪材的标准是什么呢? 这实是剪材实践中最须注意的一点,因为这一点而如能熟悉领会,那于以后的实践上,可谓已解决了大部问题,因为这等于将剪材中的基本原则业已确定,和每篇材料的题目都已选择就绪一样。所以从事这一步工作的人,第一须要有丰富的学识,尤其应有些社会科学的基本知识;第二又要有鉴别材料的能力;第三又非有一种专门圈学的经验不可。因此现在除掉在实践上三个重要的问题留在以下逐一分章的讨论外,兹再先在一般的工作上,列为重要应注意的几项如下:

第一须注意报纸的内容,最先应将每份报纸的内容,细读一遍。不论电讯或论著,都须详为观览,而同时又须有敏锐鉴别的能力,将其中的材料分别其真实与否。同时我们应明了报纸在现制度下的作用,多数是为统治阶级说教民众最有力的工具,而尤其在中国,更多着背景各各不同的国际通讯社的存在,所以就产生许多矛盾的记载,其真实性亦更多一层模糊,所以我们首先就要能把握此种概念,然后才能对于何者材料为何种背景,何者材料须否剪取,才能有所鉴别。还有同样的一材料,也有何报的纪载为详确,而何报因有某种色彩失其真实性,这些,凡在这方面工作的人,都得与以十分的注意!

第二所应注意者,就是所选取的材料,同时还要顾到参考者的地位,换句话说,就是要使工作的人先设身处地的以参考者的地位,来作采取报纸材料的标准。因此,这一点,亦实为从事剪报工作者所必须领会的前提。

第三就是将材料的标题选择一过,因为报纸中的标题为引起读者的注意,或为要适合某种政治的观点,常常是有意要歪曲新闻的内容,使题不对文,文不对题的,所以工作者遇到这样的场合时,就得将此种标题另择一过,但应用这个方法时,在这里亦有几项标准可述,第一须要有具体的表现,第二须要有扼要的意义,第三所选择的标题又要较为熟知的词句或简单字句来为之代替。因为这样在将来,非仅于目录上可以免去参考者思索上的曲折,就是这材料的本身,亦可因为有了改换显明的标题后,便可确切表现出其真实的内容来。所以这一点,亦为从事此项工作者的一重要认识。

第四点便是一篇材料,有时有二种及二种以上的类别,或有同样重要的可属类时,这为便利参考者的起见,便不妨应用"见"或"参见"的方法(Single cross-reference or reciprocal cross-reference),不过这里,亦应知道几项重要的标准,就是(一)须从不普通的类别去参见普通的类别;(二)须从抽象的类别去参见具体的类别。而其他当然尚有,但似因太涉细琐,故除留一部分于第五章中再为详述外,在这里便不再多赘。

　　我们现在总算把剪材的范围和剪材的标准,分别解释清楚了,于是第一步就要谈到实践的诸问题上,但因为这实践的详细情形,我们已预备在以下的三章中去讨论,故现在著者再拟将报纸的副刊,是否也要剪取的一个问题谈谈。如像中山文化教育馆,他们已跟日报在同样的做索引,但据著者之意,副刊中的文章有时也很多学术性的文章,就是偶一谈及时事问题,然而都已经经过整理而成为有系统的纪载,所以论性质,实与杂志相同,既与杂志相同,那末当然可和杂志同样处理。并且即以索引的观点来讲,也尽可依照杂志分类法而视为杂志以作索引。在索引中的副刊,已有如斯划分的重要理由,则现在的剪材,当然是更宜另行划开,不必剪下,而把来一一装钉成册,将来也归入杂志栏中,视作杂志而为之索引(关于杂志与索引,请参看第二编)。

第四章　报纸剪材的第一问题——分类

我们在上面略把处理报纸的理论述明了以后,现在当然便要进而讲其实践上的方法问题。著者认为剪材上第一个问题,便是分类。报纸材料,如果也要使他能够汇集归纳得一检就得,当然也须如书籍这样的预先有一完备的分类目录。况且报纸的材料,数量尤多,平均每天每份报纸剪下十篇材料,那末如有五份报纸而论,每天就已有五十篇材料,积一月后便有一千五百篇,一年便有一万八千篇,这样累积起来,设使没有一个完备的归纳方法来一一分门别类,加以整理,那末这些剪下的材料,也就等于没有剪下来一样!所以著者主张也应该有个分类目录,而这个分类目录,因为根本是和书籍的分类不同,所以报纸的分类又不能不另行编制一分类目录,以为应用。报纸材料所以不同于书籍或杂志者,盖一方是重于明白纪载各时代之凡百事务,故其体例庞杂,不若杂志或书籍的较为专门,及有条理;而一方却都侧重于学术研究之文章为主,故其体例亦较为清晰,同时门类亦类有一定的规定。

谈到分类,我们又发现因目的的不同而发生分类上的差异,这因为报纸剪材有二种不同的目的,一种是普遍的剪取,一种是专门的剪取,而目的不同,当然其分类的详略,亦因之而大有差异,譬如专门研究经济学的,那末其分类中如"工资"一项,有时须分为"工资立法""工资制度""工资政策"以及"各种工资学说"等等的小类。但这在普通的剪报者当然不会有这样的细密,因为这样的一细密,非仅工作繁重,势所未能,并且在一般参考中也没有这种的需要。本书因为只供一般读者所参考,故今自亦只能就普通的分类法来此一述。但即言普通的分类,我们也不能单只把各类相近的排列起来就算,我们应知这在分类之法上虽和书籍有所不同,但讲到排列,则应注意到是否正确地系统地排列的这一重大任务。所以在下面我们除把我们所认为比较适合的分类法介绍于读者外,而此外还须对今日的几种重要的分类方法来下一论列,今日根据著者所知的各种报纸分类法,约有下列的几种,不过这里又应当说明的,就是分类的一事,在剪材或索引的两种方法中,是并没有分别的,故以下亦不加区分,——简述于下:

一、人文社与中山文化教育馆,他们的报纸分类法是相同的,所差异的地方,就在于排列上面,即人文社是分为(一)自然、(二)社会、(三)学术、(四)教育、(五)国际、(六)政治、(七)经济、(八)法律、(九)交通、(一〇)军事、(一一)杂俎等十一大类;而中山文化教育馆则改为:(一)自然、(二)社会、(三)政治、(四)国际、(五)经济、(六)法律、(七)交通、(八)学术、(九)教育、(一〇)军事、(一一)杂俎等十一大类。至其每类以下的子目,那两者都是就材料而定,大致一律(见《人文小史》——《人文月刊》四卷一期,及《日报索引分类表》)。

二、时报馆,《时报》于民十四年曾由国民大学图书馆学系为之编制过一年索引,他的分类是分为普通、社会宗教、教育、政治、经济、军事、科学、交通、文学美术、历史地理等十大类,以下也是随材料而定(见《民国十四年时报索引》)。

三、茅震初先生,他在《剪报材料的采集及其分类方法的商榷》一文中,亦介绍过一个很详细的分类方法。现在这里,限于篇幅,只能择要一谈,他大概分为甲(国内)、乙(外交)、丙(国际)的三张总表,而每张表内又分为 A、B、C 等的三组,每组中又分为若干的项目。分类的时候,即由同一表内的某组中的某一项目,和其余二组中的某一项目缀连后即成,例如(甲)表 A 组内第二项目"党务"与 B 组内第一项目"新闻",或 B 组内第二项目的"命令"缀连后即成为"党务新闻""党务命令"。有了这三表和若干组目的活用,便可分析为许多的门类(详见十九年二月十四—五日《民国日报·觉悟》)。

四、林宗礼先生,他为无锡民众教育学院民众图书馆,也曾定下一个分类方法,其内容是分为党务、普通教育、民众教育、法政、经济、军事、社会、交通、卫生、农业、工业、商业、史地、文艺、杂类等十五大类,其下则先以体例如"纪事"、"法令"、"言论"、"报告"等的分为若干中类,而再继之以性质如文艺类中的"小说""诗歌"等的分为若干小类(见《民众图书馆中报章问题》——《民众教育月刊》第三卷四、五期)。

五、孟华秋先生,则分为论文、公文、建设、党务、外交、民诉刑法、债权法律、规章、法令、教育、财政、凤毛麟角、应时小品、公文程式、集锦、杂选等类(见二十年五月廿一日《大公报读者论坛》)。

六、纽约《世界报》(World),他们是分为两大部:(一)传记部,即关于个人或个人有关者如家族等材料;(二)杂部,其中再分为报纸葬仪、宗教等三十类,而每类以下常再分为若干子目(详见戈公振先生:《报馆剪报室之研究》——《东方杂志》二十二卷十六号)。

七、《巴黎晨报》(Le Matin),他们分为记事、照片二部,记事部中又以人名、地名杂类等为之类别(详见同上)。

至于其他如中国银行经济研究室,中央社会科学研究所和以前的商业月刊社等,他们虽也都有剪报室或报纸索引的举办,不过他们是已偏于专门剪材的一种,故均似已不涉于普通剪材的范围,而不必再为多赘。但历观上面几种的普通分类法,则我们便知上面的几种分类法,在思想排列上,似都不甚注意到,而在方法上除了中山、人文以及时报这几种外,都也觉得分类不甚合于一般的参考之用,也就是不合报材的分类方法,有的或者是因了国情不同的关系,而又绝难应用于中国。至于分类的类别可以提出来商榷的地方,似乎也很多很多,譬如人文社等的"杂俎"一类,在大类中即用此"杂俎"一类,在分类学中为一颇不妥当之举。因为无论其不易归纳的材料,但总有其多少相近之处,既有其相近之处,当然即可有其类属,如医、卜、星相,这四者便不应一齐置入杂俎类内,我们应当把"医"则归入医药栏内,其下面的三者,便都可归到"哲学"中"术数"的一类。又譬如茅氏分类表中 C 组内的各项目,据著者在前数年尝试所得,也似乎觉得不很妥当,往往同一材料,如专以其性质分类者,均可排列一处,而现有"著述""研究""新闻""演讲"等的以体例来分别后,则转觉须分置数处,故非但破坏了卡特氏(Cutter)的以类性为分类的原则,且于检查时亦颇多不便。

故著者在初从事于此种工作时,也曾依据茅氏方法而订定一种报纸的分类法,然应用以来,终觉得仍有许多不便之处,因此最近又参照了中山及人文等的分类法后,另定有一种新的分类方法,其内容则分为:(一)总类、(二)社会类、(三)经济类、(四)政治类、(五)军事类、(六)法律类、(七)国际类、(八)教育类、(九)科学类、(一〇)交通类、(一一)文艺类、(一二)史地类等十二大类,而类以下则再分若干的项目,兹即将此分类法,附列于下,以供参考(顶格者为"类,"次格者为"栏,"——记号以下者为"项",括弧内者为"目")。

总类
　　目录学
　　圕与圕学——书评与提要、考证与题跋、古本与珍本、索引
　　国故学
　　新闻事业与新闻学
　　出版界——版权事件、违禁书籍、出版状况
社会类

总录

社会理论——社会改造

社会状况与调查——华东、华南、华西、华北、华中、东北、西北、国外

社会问题——人口、育儿与节育(托儿所)、弃婴与堕胎、生命统计

职业——女子职业、职业指导与介绍

家庭——家族、家政、家庭纠纷

恋爱与婚姻——婚姻、结婚、离婚、婚变、抢婚、重婚、离弃、奸情

妇女问题——妇女运动、妇女生活、娼妓(禁娼问题)、奴婢

社会病态——自杀、杀伤、械斗、车祸、情死、中毒、窃盗、绑票、拐骗、欺诈

违禁物

拒毒——鸦片、红丸、戒烟、禁烟

风化

语言

习俗

哲学

迷信与术数

礼仪——典礼(纪念、祭祀、诞辰)、丧礼(追悼会、葬仪)、褒扬(勋章与纪念物、纪念会)

宗教——孔教、佛教、回教、基督教(青年会)

消防

灾害

慈善事业——慈善团体(红会、救济院、育婴堂、养老院)、救贫、农赈、冬赈、抚恤

社会事业

社会团体——人民团体、同乡会

都市问题——住宅与房租、减租运动

经济类

总录

经济状况与调查——中国各地、外国

经济政策

实业总录——实业考察、实业家

实业行政——全国经济委员会、实业部

农业——农业政策、农业状况与调查（华东、华南、华西、……）、农民生活（各地）、农会

农村——农村经济、农产、灌溉与肥料、农事灾害

粮食问题——粮食运销、农业仓库、饥荒与抢米、外粮入口

度量衡制

土地——土地政策、土地登记与清丈、地价、地租

水利——行政、工程、长江、治黄、导淮、治运、内地各河流状况

农村副业

垦殖

林业

园艺

茶业

蚕丝业——茧行、蚕业、丝业、丝绸业

棉纱业

畜牧业——养蜂业、屠宰业、皮毛业

水产业

矿业

工业——工业政策、工业建设、工业发明、各地工业状况

制造工业——纺织业（棉织业、麻织业、丝织业、毛织业）、

金属工业、电器工业、纸属工业、陶瓷水泥工业、橡皮树胶工业、木材工业、卷烟工业、油脂工业

化学工业——化学药品、烟火工业、饮料食品工业、盐业、制糖工业、有机化学工业

建筑工业

印刷工业

手工业——扇业、草席业、籐器业、衣帽业

劳工——劳工状况、劳工教育、劳工工资、劳资纠纷、劳资仲裁、工潮情形、工会团体

失业问题——失业救济、失业状况

商业与贸易——商业政策、商品检验、会计事业、商业统计、物价指数、广告事业、商事纠纷

商业状况——华东、华南、华西、华北、华中、东北、西北、国外

国际贸易——中国(中日、中英、中美、中苏、中荷等)、日本(日美、日英、日荷等)、美国(美苏、美法、美德等)……

国际商约——中国(中法、中美、中英等)、外国(日澳商约、俄土商约等)

提倡国货——国货展览、国货商场、国货运动

抵制外货

商会——上海、江苏、浙江、广东……

同业公会——上海、江苏、浙江、广东……

各种营业——药材业、报关业、文具书业、旅馆业

商业行情——金融、汇兑、证券、纱花、丝市、疋头、粮食、面粉、茶市、油市、豆市、糖市、五金、煤市、海味、皮毛、山货……

财政总录——财务行政(中国、外国)、地方财政(江、浙等各省市)、预算与决算(中国、外国)、审计与主计

赋税——中央(关税、统税、盐税、印花税、遗产税……)、地方(田赋、营业税、地价税、契税、房捐、其他、苛捐杂税……)

金融——金融状况、银价问题

货币——货币制度、货币政策

证券——公债、股票

债务——中国(内债、外债借款)外国(战债、赔款等)

银行钱庄——银行、储蓄会、银公司、钱庄、票据交换所、征信所

汇兑

信托公司

典当业

投机事业——交易所、有奖储蓄

投资——对华投资、华侨投资

合作事业——经济合作、农业合作、消费合作、信用合作、生产合作、运销合作

保险事业——人寿保险、水火保险……

政治类

总录

政治意见

政治教育

国家与人民——爱国运动、民族运动、民众运动、公民运动

政党——党务(国内国外)、党员、党狱与党祸、世界各国政党(共产党、社会党、法西斯党、国家社会党)

中央政府——政制、国务、中央各部院、会(行政院、考试院、监察院)

内政——边疆事件、蒙藏委员会

省政——江苏、浙江、广东……

市政——南京、上海、汉口……

县政——江苏、浙江、广东……

警政——各省市

地方自治——各省市公民登记、市县议会

职官——行政专员、政训工作人员、官吏生活、客卿

官规

世界各国政治——各国

军事类

军事行政——军制、军队调动

军官

军事教育——中央军官学校、军事训练

军事考察

军需

军事工程——军事交通、军用电话、兵工厂

军事工业

兵工政策——屯垦、兵工筑路

非战运动

陆军

海军

空军——航空救国运动、航空学校、军用飞机场

国防——西南、西北、东北、江防、海防、空防、要塞与军区、
军港

军法与军纪

兵变

保甲与团防

各国驻华军备

各国军备——各国

法律类

法律理论

国际公法——国际法庭

领事裁判权

立法与立法院——宪法、民法、刑法、诉讼法、工商法

司法与司法院——司法状况、法院、律师、诉讼案件、监狱、
狱囚生活

官吏惩戒

法律解释

国际类

总录

国际关系

外交——中国外交(中日外交、东北问题、抗日运动、中英
外交、中法外交、中美外交……)、日本外交(日苏外交、
日美外交……)、英国外交(英法外交、英美外交)、法国
外交、德国外交、波罗的海各国外交、巴尔干各国外交、欧
洲其他各国外交、美洲其他各国外交、亚洲其他各国外交

国际联盟

国际会议——军缩会议、海军会议……

国际条约——非战公约、东欧公约……

国际间重要问题——萨尔问题、远东问题……

国际间之民族运动——弱小民族问题、菲岛独立运动、英爱
纠纷……

使领——中国、外国

殖民与移民——英属殖民地政府、荷属殖民地政府、法属殖
民地政府……

侨民——中国(侨务委员会、华侨问题、各国华侨)、外国
(日本侨民……)

租界及租借地——工部局、越界筑路、纳税会

国际礼仪

教育类

　总录

　教育行政

　教育会议

　教育法规

　教育经费——各省市

　学术文化——文化侵略、学术文化团体、庚款机关、中央研
　　究院

　考试事件——会考、入学考试

　教育测验

　学校行政——研究院大学、专门学校、中学职业学校、小学、
　　幼稚院

　学校管理与训练——学生生活

　师资与教学法——师资、教学法

　课程与教材——课程、教材

　学校教育——高等教育、中等教育、初等教育、幼稚教育

　师范教育

　职业教育——职业指导、农业教育、工业教育、商业教育、生
　　产教育、劳作教育

　艺术教育

　特殊教育

　女子教育

　三民主义教育

　社教与民众教育——成年教育、电影教育

　农村教育

　家庭教育与自修教育——暑期学校、函授学校、补习学校、
　　私塾

地方教育——各省市

边疆教育

外人在华教育

华侨教育——各国

国外留学——各国

教育状况——各省市、国内外、教育考察、教育统计、教育展
览

卫生教育——儿童健康比赛、夏令儿童营

体育——体育行政、体育团体、运动会、体育场、世界运动状
况

球类

游泳

田径赛

国术

童子军

教育团体——教育会、教师联合会、同学会

各种教育文化问题——性教育、大学生出路问题、男女同学
问题、失学问题、兴学事件

学风与学潮

外国教育

科学类

总录

数学

天文

气象——气候测量、天气报告

物理

化学

地质与矿物——地震

生物——植物、动物

生理

医药学——医学教育、医学团体、病理与疾病、诊疗学与处方、药物学、外科、妇儿科、兽医

卫生与预防——卫生行政、医院、救护与看护、预防事项

交通类

建设——建设委员会

交通行政——交通部、铁道部、交通会议

铁路——京沪、沪杭甬、津浦、平汉、陇海、杭江……

电政——电报、电话、无线电

邮务——邮政、邮政储金、汇兑、民信事件、航空邮政

水上航业——航政管理、航员事件、航业纠纷、航业保护、收回内河航行权事件

空中航业——中国、外国

公路——各省市

汽车

电车

人力车

其他车业

运输业——水陆联运

交通工程——桥梁工程、铁路工程、无线电工程、造船工程、汽车工程、飞机工程

文艺类

文学——文学家、文艺社团、诗歌与诗歌家、戏剧戏剧家、小说、儿童文学、文学杂著

艺术——展览会、风景园艺、建筑、雕刻、书画、音乐、舞蹈、摄影、电影

娱乐——戏院、电影场、公园、骑射、赛船、弈棋、唱歌会

史地类

  史学——一般历史、年表

  地理与游记——旅行、游记、探险、名胜古迹、国际考察与游
  历

  考古——各国考古、古物学、古物展览

  政治区域变迁

  民族与人种

  传记——中国、外国

  中国历史

  中国近事

  世界各国历史——各国

  世界各国近事——各国

以上这一种分类法,其中当然还有许多地方不能怎样的完善,离我们的理想的分类法尚远。不过现值改革伊始,亦只将其大类的次序略加排列外,而于其下面的项目,则以中山文化教育馆的一种分类法为基础稍加变更而成。而因这一分类的根据,系完全由于(一)依照普遍的剪取的原则;(二)有正确观点系统分明的排列;(三)大都以平日对各该类材料发见于报纸中的多寡,而然后决定的。所以这一分类法,亦决定能较适应一般的参考之用。门类并没有倚重倚轻的弊病,并且他和现代的社会形态尤其是和国内的现实环境颇能适合。所以在分类时因之亦较为便易,一般参考者亦只须能熟悉此十二大类类名,其大概材料,都不难在各该类内找得。

第五章　报纸剪材的第二问题
——剪裁与黏贴

　　报纸材料的类属，既被确定了以后，接着当然是依圈出的材料，把他一一剪裁下来。但在剪裁的时候，却亦有数点须注意，第一在剪的时候，千不可把那采取下来的材料的来源和年、月、日、张、版等等不注明，因为材料的出处既不注明，参考者在应用时就要不知其来源，且于材料的时间性空间性亦将完全失其依据。而所谓来源当然就是指报纸的名称如《申报》《大公报》等，其年、月、日、张、版等，当然也就是某年某月某日第几张第几版的意思。第二须注意者，就是材料的有无冲突，而欲免去这一层冲突，最好每种报纸均备二份，因为这样如遇材料有冲突的时候，便可无烦抄写等的手续（如人文社他们即每种订阅三份，二份供剪裁，一份供保存）。第三点所应注意的，每一报材，常易发见大小标题虽异，而内容实同之重复材料，其原因除另有政治作用外，常因同样是采用之通信社稿，以及互相转载或辗转转载的缘故。凡这种材料，报馆方面自然将标题另行换过。而又再加诸如北方转载南方报纸之材料，或南方转载北方报纸之材料，其间相隔的时日，又往往须达一周半月的久长，这样对于一般的读者，自不会有此良好的记忆而辨别之。故这一点，亦为从事这项工作的人，须注意的一重要事项。第四，便是一篇材料有时有二种及二种以上类别或有同样重要的可属类时，这就可应用"见"或"参见"的方法。所谓"见"或"参见"者即是由一个不用的目录,去见一个用的目录,或两个目录,互相参见的一种方法。而这种参见法于一材料有发生变更时,当然亦得适用。所以如遇到这样情形时,便应该在剪裁时另备一如书籍杂志中"见目录卡"式的纸片,作为参见目录。其式如下表:

标题			
见		第　　册	第　　页

报材这样剪下了以后,用怎样方法处理呢?在美国如《世界报》等,他们便把这些剪下的报材,一一贮入坚固的封套之中,而依 ABC 等号码顺次排入架上的。但这样的处理方法,有人认为其太流于零碎有欠整齐,因之而又不易保存。故除此之外,有的是将剪下的报材一一黏贴的方法。关于黏贴的方法,亦有二种可述,一是采用如书籍目录卡式的纸片,一种便采用书本式的簿册。卡片式者是将剪下的报材一一黏贴于纸片,如书籍中所应用的目录卡一般,一面亦打有圆孔,以便可穿入铜条,如人文社即采此法。他们所应用的纸片,初系一种空白报纸,继复改为道林纸,大小则为高公尺三十寸五分,宽二十寸五分,而其后经造纸专家葛君的指示,于是选用如今日所应用之鸡皮纸一种,其大小亦自二十年起改为高十五寸,略得前样之半(见《人文社创始及图书馆筹备改名之经过》)。每张纸片,规定贴一篇材料,如此片黏贴不敷者,则得接贴另一纸片,就是同类同日而不同报,或是同日同报而不同类,或是同报同类而不同日的材料,均须另纸黏贴。据廿三年春著者在人文社参观所见,关于他们所应用的纸片,确很坚韧而洁白,而其上且已将来源、题目、年、月、日等字样印好,只须逐一填就即可。

但除这一种卡片式的黏贴方法外,其他却还有一种簿册式的黏贴方法。这一种方法,确也有相当的可取之处。现在便将这种黏贴的方法,略陈如下:这种贴报的簿册,每一项目黏贴一册,每册计活页装钉为一百 Page,质料可选用上等牛皮纸(或如人文社之雞皮纸亦佳），大小则为（11×9）英寸，而其外又加以硬面洋装的装钉。但须注意者，在打洞的地方，其纸张应用两层（即将打洞处的纸加起一层），因这样可免去中间隆起之弊，现为更易于明晰起见，特再附图如下：

（封面）

（里面）

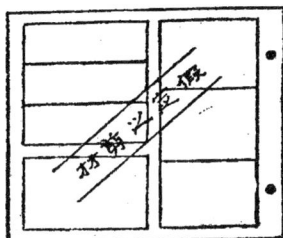

当贴就一册时，在卷首列一详细的篇名目录，而于封面标签上书为○○类○○第一册、第二册。至于黏贴时的程序，于此亦可择要的为读者一述：即报材经分类后，可依此一一剪裁下来，而剪下的报材，便先按类把他分到各卷宗里去，积经若干，然后便取出依年、月、日的先后黏贴成册，不过如遇一事件尚未发展告一段落或一长篇的材料，则便须候完篇归齐使成为一系统的材料，才再依次贴黏，因这样的黏贴，才可在前后关联中去求一事件的了解，而一册黏满一百活页后，只须俟目录编列完成，便可按类的依次排列起来。

最后关于黏贴用的浆糊或胶水，虽可随意采定，不过据一般人的经验所得，则胶水实不及浆糊为佳，因胶水日久以后，往往发现黄色斑纹，因之字迹亦时为之模糊，不过普通浆糊亦有一弊，即易生霉点，人文社所用的浆糊，据谓系经化学专家开示原料与制法后所特制者，其实于一新鲜稀薄的浆糊中，略加少许的明矾（Alum）即得。

第六章　报纸剪材的第三问题——检查

　　报纸无论是索引是剪贴，其最大的目的，当然是在检查的便利，故对于各项材料，自应研究其如何即能迅捷检出无费多项手续使人一览便知的方法。兹在未述及我们所采用的方法之前，请先介绍《世界报》的检查方法，他们的检查方法，根据其分类方法而来，将每类的材料，均以节板为之间隔，而每节板之上，书明右方所置封套的顺序，如右方封套的顺序为 Staa—Stae，那末节板所书亦即为以上的数字样，再次一节封套的程序为 Staf—Stah，则节板所书也如同上文（见《报馆剪报室之研究》文中）。所以他们关于这些剪下的材料，依次排列，而欲检何种材料时，便可照此 ABC 等顺序检得所欲的材料。这一种检查方法，在我们看来，当然是很称便利，不过这在使用罗马字的美国，固然是便利，而于中国，却便不然。因为根本中国文字的组织，并非罗马字，所以对于中国，自难以应用。至于我们如也将中国的类名等来用罗马字音译，则究竟根据着那一国的译者，又因中国字音的各地不同，究竟采用那一处的读音，这些都成为问题的。如果照英文拼音，国音读法，则又须多添检表和计算笔画等的麻烦（引用王云五先生在《中外著者统一排列法》中语）。所以根据了上面的所述，便知应用罗马字的方法，为绝对难于适用之事。然而我们除了罗马字的方法之外，有无其他检查的方法呢？茅震初先生在他的文章中，他曾介绍过其二种检查方法，这二种方法，都非采用罗马字的，而完全根据了分类法后所定的二种方法,第一种是每类依照了他的分类法中合成的许多项目的号数并合而成为类的号数,再加"甲""乙""丙"三字以别之,换句话说,就是每一类号,先依其"甲""乙""丙"等的分别,再依其号数的次序,末依其时日的先后而排列的一种方法。第二种即采取《四角号码检字法》或《面线点检字法》(张凤所发明)等,把类变成阿剌伯的数字,先依数字次序,后依时日先后顺次排列的一种方法(详见茅氏原文中)。而欲检何项材料时,便可依照该表计算后而去检得。这二种检查方法,虽较《世界报》为较适合于我国,且有科学性的根据。但是这种方法是否是获得检查便利的效果,尚难断言。因为这一问题亦如分类一样,虽改革至于今日,然其中有待于商榷改进的地方,还是很多,所以在今日的中国,即中国文字还没全部改用罗马字以前,而欲言绝对的检查便利,自然是难以做到之事。现在著者所能介绍的检查方法,计有二种,一种是直接从簿册中依据分类方法而得到一种检查法,一是间接从著者方面依据著者目录而得的一种检查法。分类检查法者,兹先言其排列的方法,这种簿册的排列,依据上述的分类表而排列,如国际(类),外交(栏),中国外交(项),中日外交(目),那末这种簿册,亦即依此(类)(栏)(项)(目)的次序而分,如同为一目者(例如同为中日外交),那便再按其册数的次序为别。而每一大类以及其下的栏项目等,在书架上,也都有相当的标签,以指引之。所以这一方法,其特点即在能较为简单清晰,因此一般参考者欲检任何类材料,只须熟悉了此十二大类的分类情形,都不难直接在各该大类中,再去检得栏项目以下小类的材料。例如欲找寻一社会教育的材料时,只须能认定此材料系属于教育类者,那只须在教育类内详细检之即得。

除此一种分类的检查法外,还有一种著者检查法,就是按著者姓名笔画次序排列的一种方法。原来这一种报材簿册,每册除在该册卷首编列一详细篇名目录外,而同时还根据此每册中目录,再编一著者目录,从著者方面亦能检得所需的材料,故有此二方面的可以检得所欲检的材料,这样参考者自又多一便利。

虽然,这种工作,一因为这学科的历史,在国外亦尚浅近;二又因参考的目的不同而因此分类和检查等的方法亦各人有各人的创制,而绝没有一共同研讨的机会;三因此事在国外的研究者,虽已不乏其人,然在国内对这一问题有研究的亦似乎还不多见。所以本书的出版,一方固为著者略贡献一些年来从事于此等工作(包括书籍杂志而言)的一简单报告,而一方却亦拟藉此企图引起国内从事此等工作的人们,能予以一共同研讨的机会,这便是著者要写本书的最重要的一个动机。